सद्गुणों का सम्मान

शिक्षा में नैतिक मूल्यों की पहचान

डॉ. मीनाक्षी बंसल

Made with ♥ on the Notion Press Platform
www.notionpress.com

|| समस्त संसार के ज्ञान-प्रेमियों को समर्पित ||

जो सत्य की खोज में, ज्ञान की राह पर अग्रसर हैं।
जिनकी जिज्ञासा कभी थमती नहीं, और जिनका उद्देश्य केवल आत्मविकास ही
नहीं, बल्कि संसार के कल्याण का भी है—यह कृति उन सभी साधकों को सादर
अर्पित है।

෧৭

क्रम-सूची

प्रार्थना vii

लेखिका के बारे में ix

प्रस्तावना xiii

1. शिक्षा में नैतिक उत्कृष्टता का महत्व 1

खण्ड 1

2. नैतिक शिक्षण की नींव: मूल सिद्धांत और मूल्य 9

खण्ड 2

3. कक्षा में ईमानदारी की भूमिका 15

खण्ड 3

4. छात्रों और शिक्षकों के बीच ईमानदारी को बढ़ावा देना 21

खण्ड 4

5. करुणा और सहानुभूति: एक संवेदनशील शैक्षिक वातावरण का निर्माण 25

6. सम्मान और ज़िम्मेदारी: नैतिक आचरण के मुख्य स्तंभ 28

खण्ड 5

7. निष्पक्षता और समानता: शैक्षिक प्रथाओं में न्याय सुनिश्चित करना 35

खण्ड 6

8. नैतिक नेतृत्व: गुण और दृष्टि के साथ मार्गदर्शन 41

9. उत्तरदायित्व की संस्कृति का निर्माण 45

खण्ड 7

10. संघर्ष समाधान: स्कूलों में नैतिक दुविधाओं का समाधान 51

खण्ड 8

11. नैतिक उत्कृष्टता का छात्र उपलब्धि पर प्रभाव 57

खण्ड 9

क्रम-सूची

12. पाठ्यक्रम डिज़ाइन के माध्यम से नैतिक व्यवहार को प्रोत्साहित करना 63

खण्ड 10

13. शिक्षा में आदर्श व्यक्ति: अनुकरणीय शिक्षकों का सम्मान 69

खण्ड 11

14. नैतिक निर्णय लेना: शिक्षकों के लिए उपकरण और तकनीकें 75

15. स्कूलों में समुदाय की भावना को प्रोत्साहित करना 78

16. शैक्षिक नीति और प्रशासन में नैतिकता 81

17. नैतिक शिक्षा पर परिवार और समुदाय का प्रभाव 84

18. प्रौद्योगिकी और नैतिकता: डिजिटल युग में मार्गदर्शन 87

19. मामले अध्ययन: शिक्षा में नैतिक उत्कृष्टता के वास्तविक उदाहरण 90

खण्ड 12

20. शिक्षा में नैतिक उत्कृष्टता के लिए आगे का मार्ग 95

खण्ड 13

21. सारांश 101

उद्धरण और संदर्भ 105

Other Books of the Author 107

CONTACT 113

प्रार्थना

ॐ भद्रं कर्णेभिः श्रृणुयाम देवाः।
भद्रं पश्येमाक्षभिर्यजत्राः।
स्थिरैरंगैस्तुष्टुवांसस्तनूभिः।
व्यशेम देवहितं यदायुः।
स्वस्ति न इंद्रो वृद्धश्रवाः।
स्वस्ति नः पूषा विश्ववेदाः।
स्वस्ति नस्ताक्ष्यों अरिष्टनेमिः।
स्वस्ति नो बृहस्पतिर्दधातु।
ॐ शांतिः शांतिः शांतिः।

यह मंत्र सार्वभौमिक कल्याण के लिए प्रार्थना है। इसमें विभिन्न देवताओं से सुरक्षा, स्वास्थ्य और सुख के लिए आशीर्वाद की याचना की गई है। यह मंत्र सभी इंद्रियों से शुभ का अनुभव करने और दिव्य उद्देश्य के साथ जीवन जीने के महत्व को रेखांकित करता है।

इंद्र, पूषा, ताक्ष्र्य (गरुड़) और बृहस्पति की कृपा से यह प्रार्थना जीवन में कल्याण और शांति की कामना करती है। अंत में "ॐ शांतिः शांतिः शांतिः" तीन बार दोहराने का अर्थ है - व्यक्तिगत, पर्यावरणीय, और वैश्विक स्तर पर शांति की गहन कामना। यह मंत्र शांति, समृद्धि और सभी प्राणियों के शारीरिक एवं आध्यात्मिक कल्याण के लिए पाठ किया जाता है।

लेखिका के बारे में

डॉ. मीनाक्षी बंसल, जो भारत की राजधानी दिल्ली में जन्मीं, ने अपनी ज़िंदगी कला, शिक्षा, और समाज कल्याण के प्रति गहरी प्रतिबद्धता के साथ बिताई है। विवाह के बाद, उन्होंने अहमदाबाद, गुजरात को अपना नया निवास स्थान बनाया, जहाँ वे प्रेरणा का स्रोत बनकर उभरीं। डॉ. मीनाक्षी न केवल ललित कला की कुशल कलाकार हैं, बल्कि एक प्रतिष्ठित लेखिका, समर्पित समाजसेविका और मनोविज्ञान की विद्वान शोधकर्ता भी हैं। उनका जीवन, विशेष रूप से समाज के वंचित और पिछड़े बच्चों के उत्थान के प्रति समर्पण, सहभागिता और सहानुभूति की शक्ति में उनके गहरे विश्वास का परिचायक है।

अपने प्रारंभिक दिनों से ही मीनाक्षी ने पढ़ने के प्रति एक अदम्य लगन दिखाई। उनके साहित्यिक संसार में नैतिक कहानियाँ, प्रेरणादायक कथाएँ, और जीवन पाठों से परिपूर्ण पौराणिक गाथाएँ शामिल थीं। यह पढ़ने की आदत केवल व्यक्तिगत विकास के लिए नहीं थी, बल्कि छात्रों और सहकर्मियों के विकास के लिए इन कहानियों के सार को साझा करने की इच्छा से प्रेरित थी। वे विशेष रूप से आदि शंकराचार्य, स्वामी विवेकानंद, डॉ. एपीजे अब्दुल कलाम, महामना पंडित मदन मोहन मालवीय, महात्मा गांधी, सरदार वल्लभभाई पटेल, और विनोबा भावे जैसे ऐतिहासिक और आध्यात्मिक नेताओं के जीवन और शिक्षाओं से प्रभावित थीं। उनके विचार और जीवन कथाएँ मीनाक्षी को दृढ़ता, निःस्वार्थता और ज्ञान की खोज के आदर्शों को अपनाने के लिए प्रेरित करती रहीं।

डॉ. मीनाक्षी का मनोविज्ञान में शैक्षणिक और व्यावहारिक योगदान भी उल्लेखनीय है। एक शोधकर्ता के रूप में, उनका ध्यान मानव मन की जटिलता को समझने और मनोवैज्ञानिक कल्याण और सामाजिक समरसता के लिए संभावनाओं को उजागर करने पर केंद्रित रहा है। उनके सामाजिक कार्यों में, वे अपने अकादमिक ज्ञान को समाज के वंचित वर्गों के जीवन में वास्तविक परिवर्तन लाने के लिए उपयोग करती हैं। उनका समाज सेवा का दृष्टिकोण पारंपरिक ज्ञान और आधुनिक मनोवैज्ञानिक पद्धतियों का अनूठा संयोजन है, जो समाज के बहुआयामी मुद्दों का समाधान करता है।

उनकी कलात्मक प्रतिभाएँ, जो उनके विविध कौशल का एक और पहलू हैं, केवल व्यक्तिगत रुचि तक सीमित नहीं हैं। उनकी कला प्रतीकात्मकता और भावनात्मक गहराई से भरपूर होती है, जो उनके दार्शनिक विचारों और सामाजिक चिंताओं को व्यक्त करती है। उनकी रचनाएँ दर्शकों को उनके बुद्धिमत्ता और करुणा की गहराई में झांकने का अवसर प्रदान करती हैं।

कला और समाज विज्ञान के अतिरिक्त, डॉ. मीनाक्षी ने प्राणिक हीलिंग की उपचार कला में भी महारत हासिल की है, जिसे मास्टर चोआ कोक सुई ने विकसित किया था। यह पद्धति, जो शरीर और आभा को ठीक करने के लिए प्राण या जीवन ऊर्जा के उपयोग पर केंद्रित है, न केवल उनके लिए एक व्यक्तिगत खोज रही है, बल्कि दूसरों को उपचार प्रदान करने का एक माध्यम भी है। प्राणिक हीलिंग में उनकी दक्षता विभिन्न प्रकार के ध्यान सिखाने और अभ्यास के साथ पूरी होती है, जो व्यक्तियों और समुदायों में पुनरुत्थान, व्यक्तिगत विकास और समरसता के संवर्धन पर केंद्रित है।

डॉ. मीनाक्षी का जीवन केवल व्यक्तिगत उपलब्धियों की खोज नहीं है, बल्कि समाज के उत्थान और सशक्तिकरण के प्रति समर्पित एक यात्रा है। उनकी विविध रुचियाँ और प्रतिभाएँ—कला, साहित्य, मनोविज्ञान, और उपचार पद्धतियों को जोड़ती हुई—सेवा के एकमात्र पथ पर केंद्रित हैं। वे उन महान हस्तियों की भावना को आत्मसात करती हैं, जिन्होंने उन्हें प्रेरित किया, और अपने कार्यों और शिक्षाओं के माध्यम से उनकी विरासत को आगे बढ़ाती हैं। अपनी पुस्तकों, कला और सामाजिक पहलों के माध्यम से, वे नई पीढ़ी को आत्म-खोज, दृढ़ता और निःस्वार्थता की यात्रा पर चलने के लिए प्रेरित करती हैं।

समाज कल्याण के प्रति उनकी प्रतिबद्धता, विशेष रूप से वंचित बच्चों के उत्थान पर ध्यान केंद्रित करना, शिक्षा और व्यक्तिगत विकास की परिवर्तनकारी क्षमता की उनकी गहरी समझ को दर्शाती है। मनोविज्ञान, कलात्मक संवेदनशीलता और उपचार पद्धतियों के ज्ञान को जोड़कर, डॉ. बंसल ने एक समग्र दृष्टिकोण विकसित किया है जो न केवल तात्कालिक आवश्यकताओं बल्कि समुदायों की दीर्घकालिक भलाई को भी संबोधित करता है।

एक लेखिका के रूप में, डॉ. मीनाक्षी की रचनाएँ प्रेरणादायक अंतर्दृष्टियों,

व्यावहारिक ज्ञान और उनके विस्तृत अध्ययन और जीवन के अनुभवों से लिए गए चिंतनशील विचारों का मिश्रण प्रस्तुत करती हैं। उनकी पुस्तकें उन लोगों के लिए मार्गदर्शिका के रूप में कार्य करती हैं, जो जीवन की जटिलताओं को अनुग्रह, दृढ़ता और उद्देश्य के साथ नेविगेट करना चाहते हैं। अपनी कहानियों के माध्यम से, वे अपने पाठकों को अपने भीतर की गहराइयों का पता लगाने और समाज की सामूहिक भलाई में अर्थपूर्ण योगदान देने के लिए आमंत्रित करती हैं।

डॉ. मीनाक्षी बंसल में हमें एक अद्वितीय कलाकार, विद्वान, उपचारकर्ता और सामाजिक कार्यकर्ता का अद्भुत समन्वय मिलता है। उनका जीवन कार्य आशा का प्रतीक और दुनिया में बदलाव लाने की इच्छा रखने वाले व्यक्तियों के लिए प्रेरणा का स्रोत है। उनकी कहानी सहानुभूति और मानवता की भलाई के प्रति गहरी प्रतिबद्धता से प्रेरित व्यक्तिगत प्रयासों की शक्ति की एक प्रेरक याद दिलाती है। डॉ. मीनाक्षी की विरासत केवल उनके प्रयासों के ठोस परिणामों में नहीं है, बल्कि उस स्थायी जिज्ञासा, सहानुभूति और सेवा की भावना में है, जिसे वे प्रतिपादित करती हैं।

प्रस्तावना

शिक्षा क्षेत्र में वर्षों के अनुभव और नैतिक उत्कृष्टता को प्रोत्साहित करने की गहरी प्रतिबद्धता के साथ, इस पुस्तक को प्रस्तुत करते हुए मैं सम्मानित और उत्साहित महसूस कर रही हूँ। अपने करियर के दौरान मैंने अनगिनत ऐसे क्षण देखे हैं जो शिक्षा के क्षेत्र में नैतिक व्यवहार के महत्व को रेखांकित करते हैं। इन अनुभवों ने मेरे शिक्षक होने की समझ को आकार दिया है और छात्रों, शिक्षकों, और व्यापक समुदाय के जीवन में नैतिकता के गहरे प्रभाव का अन्वेषण करने की प्रेरणा दी है। यह पुस्तक मेरे चिंतन, अवलोकन और शोध का सार है, जिसका उद्देश्य शिक्षा में नैतिकता की महत्वपूर्ण भूमिका को उजागर करना और यह समझाना है कि हम अपने स्कूलों में नैतिक उत्कृष्टता को कैसे विकसित कर सकते हैं।

शिक्षक के रूप में मेरी यात्रा की शुरुआत से ही, मैंने इस भूमिका के साथ आने वाली गहरी जिम्मेदारी को महसूस किया है। शिक्षक केवल ज्ञान के संवाहक नहीं हैं; हम रोल मॉडल, मार्गदर्शक और संरक्षक भी हैं जो हमारे छात्रों के चरित्र और मूल्यों को आकार देते हैं। हमारे द्वारा किए गए निर्णय, हमारा व्यवहार, और जो मानक हम अपनाते हैं, वे हमारे देखरेख में आए युवा मनों पर स्थायी प्रभाव डालते हैं। इस जिम्मेदारी को पहचानते हुए, मैंने हमेशा उदाहरण के माध्यम से नेतृत्व करने का प्रयास किया है, अपने सभी संपर्कों में सत्यनिष्ठा, निष्पक्षता, सम्मान और सहानुभूति का प्रदर्शन किया है। यह हमारे रोज़मर्रा के नैतिक व्यवहार से ही है कि हम अपने छात्रों को समान मूल्यों और सिद्धांतों को अपनाने के लिए प्रेरित कर सकते हैं।

एक बुनियादी शिक्षा जो मैंने सीखी है, वह यह है कि शिक्षा में नैतिक उत्कृष्टता कोई मंज़िल नहीं है, बल्कि एक सतत यात्रा है। यह निरंतर चिंतन, आत्म-जागरूकता, और व्यक्तिगत और व्यावसायिक विकास के प्रति प्रतिबद्धता की मांग करता है। एक शिक्षक के रूप में, हमें हमेशा अपने कार्यों और निर्णयों का मूल्यांकन करना चाहिए, यह सुनिश्चित करते हुए कि वे हमारे मुख्य नैतिक सिद्धांतों के साथ संरेखित हों। यह चिंतन का कार्य हमेशा आसान नहीं होता, क्योंकि यह अक्सर हमारे अपने पूर्वाग्रहों, गलतियों और सीमाओं का सामना

करने की मांग करता है। लेकिन यह आत्मनिरीक्षण ही है जिसके माध्यम से हम व्यक्तिगत और व्यावसायिक रूप से विकसित हो सकते हैं, अंततः अपनी भूमिकाओं में अधिक प्रभावी और अपने छात्रों के जीवन में अधिक प्रभावशाली बन सकते हैं।

इस पुस्तक में एक मुख्य विषय है: हमारे स्कूलों के भीतर एक सहायक और समावेशी वातावरण बनाना। नैतिक उत्कृष्टता अलगाव में नहीं पनप सकती; यह एक ऐसे वातावरण में पनपती है जहाँ विश्वास, सम्मान और सहयोग को प्राथमिकता दी जाती है। इसका अर्थ है छात्रों, शिक्षकों, प्रशासकों और व्यापक समुदाय के बीच सकारात्मक संबंधों को बढ़ावा देना। इसका मतलब विविधता और समावेशन को महत्व देना है, और यह पहचानना और सम्मान करना है कि प्रत्येक व्यक्ति अपनी अनूठी पृष्ठभूमि और दृष्टिकोण लाता है। इसका मतलब है ऐसे स्थान बनाना जहाँ स्कूल समुदाय के सभी सदस्य मूल्यवान, सुने गए और समर्थित महसूस करें। इस तरह का वातावरण तैयार करके, हम नैतिक व्यवहार की जड़ें जमाने और बढ़ने के लिए आधारशिला रखते हैं।

नैतिक उत्कृष्टता को बढ़ावा देने में नेतृत्व की भूमिका इस पुस्तक में खोजे गए एक और महत्वपूर्ण पहलू है। स्कूल नेता, चाहे वे प्रधानाचार्य हों, प्रशासक हों या वरिष्ठ शिक्षक, अपने संस्थानों की संस्कृति और माहौल को आकार देने में महत्वपूर्ण भूमिका निभाते हैं। नैतिक नेतृत्व का अर्थ केवल निष्पक्ष और न्यायसंगत निर्णय लेना नहीं है, बल्कि उन व्यवहारों और दृष्टिकोणों को प्रदर्शित करना भी है जिन्हें हम अपने छात्रों और स्टाफ में देखना चाहते हैं। यह पारदर्शिता, उत्तरदायित्व और समावेशन के प्रति प्रतिबद्धता की माँग करता है। नेताओं को कठिन चर्चाओं में शामिल होने, नैतिक दुविधाओं का सीधा सामना करने और अपने नेतृत्व में आने वालों को समर्थन और मार्गदर्शन प्रदान करने के लिए तैयार रहना चाहिए। अपने कार्यों के माध्यम से, नैतिक नेता दूसरों को उच्चतम स्तर की सत्यनिष्ठा और नैतिक व्यवहार को बनाए रखने के लिए प्रेरित कर सकते हैं।

पाठ्यक्रम में नैतिकता का एकीकरण नैतिक उत्कृष्टता को बढ़ावा देने का एक और महत्वपूर्ण घटक है। नैतिकता को एक अतिरिक्त या एक विचार के बाद नहीं, बल्कि शैक्षिक अनुभव के अभिन्न अंग के रूप में माना जाना चाहिए। इसमें सभी विषय क्षेत्रों में नैतिक चर्चाओं और विचारों को शामिल करना, छात्रों को

उनके अध्ययन विषयों के नैतिक आयामों के बारे में गंभीरता से सोचने के लिए प्रोत्साहित करना शामिल है। इसका मतलब है कि छात्रों को वास्तविक जीवन की नैतिक दुविधाओं के साथ संलग्न होने के अवसर प्रदान करना, जिससे उन्हें एक सुरक्षित और सहायक वातावरण में नैतिक तर्क और निर्णय लेने का अभ्यास करने में मदद मिले। ऐसा करके, इम छात्रों को आधुनिक दुनिया के जटिल नैतिक परिदृश्य को नेविगेट करने के लिए आवश्यक कौशल और आदतें विकसित करने में मदद करते हैं।

इस प्रकार के और भी विचार इस अध्याय में विस्तृत रूप से प्रस्तुत किए गए हैं, जिन्हें इस पुस्तक के अन्य अध्यायों में गहराई से समझा जा सकता है।

डॉ. मीनाक्षी बंसल
सामाजिक कार्यकर्ता
अहमदाबाद, गुजरात, भारत

1

शिक्षा में नैतिक उत्कृष्टता का महत्व

शिक्षा समाज का एक बुनियादी स्तंभ है, जो व्यक्तियों के ज्ञान, कौशल और मूल्यों की नींव तैयार करता है। अपने मूल में, शिक्षा केवल ज्ञान के स्थानांतरण तक सीमित नहीं है, बल्कि यह चरित्र निर्माण और नैतिक सिद्धांतों के विकास के बारे में भी है। शिक्षा में नैतिक उत्कृष्टता का महत्व अतुलनीय है, क्योंकि यह जिम्मेदार, दयालु और सिद्धांतवादी व्यक्तियों को पोषित करने में महत्वपूर्ण भूमिका निभाती है, जो समाज में सकारात्मक योगदान दे सकते हैं।

शिक्षा में नैतिक उत्कृष्टता का तात्पर्य नैतिक मूल्यों जैसे ईमानदारी, सत्यनिष्ठा, निष्पक्षता, सम्मान और जिम्मेदारी को बनाए रखने और प्रोत्साहित करने की प्रतिबद्धता से है। ये मूल्य एक न्यायपूर्ण और सामंजस्यपूर्ण समाज की नींव हैं। जब शिक्षक नैतिक व्यवहार पर जोर देते हैं और उदाहरण प्रस्तुत करते हैं, तो वे इन मूल्यों को अपने छात्रों में स्थापित करते हैं, जिससे कक्षा से परे प्रभाव फैलता है। यह प्रक्रिया शिक्षकों से शुरू होती है, जो उन गुणों को स्वयं में शामिल करते हैं, जिन्हें वे अपने छात्रों में विकसित करना चाहते हैं। शिक्षकों का व्यवहार और दृष्टिकोण छात्रों पर गहरा प्रभाव डालता है, उनके सही और गलत की धारणा को प्रभावित करता है और उनके भविष्य के कार्यों को आकार देता है।

सत्यनिष्ठा, जो नैतिक उत्कृष्टता का मुख्य आधार है, यह मांग करती है कि शिक्षक छात्रों, सहकर्मियों और व्यापक समुदाय के साथ अपने व्यवहार में

ईमानदार और पारदर्शी बने रहें। सत्यनिष्ठा विश्वास को बढ़ावा देती है, जो किसी भी शैक्षिक वातावरण का एक महत्वपूर्ण तत्व है। जब छात्र अपने शिक्षकों पर भरोसा करते हैं, तो वे अपने सीखने में सक्रिय रूप से संलग्न होते हैं और अपने विचारों और विचारों को व्यक्त करने में सुरक्षित महसूस करते हैं। विश्वास खुला संवाद भी प्रोत्साहित करता है, जो रचनात्मक प्रतिक्रिया और सम्मानजनक तथा निष्पक्ष तरीके से विवादों को हल करने की अनुमति देता है।

ईमानदारी सत्यनिष्ठा से निकटता से जुड़ी है और विश्वास और सम्मान की संस्कृति बनाने में आवश्यक है। शिक्षकों को अपने व्यावसायिक आचरण के सभी पहलुओं में ईमानदारी का प्रदर्शन करना चाहिए, चाहे वह ग्रेडिंग और मूल्यांकन हो या छात्रों और अभिभावकों के साथ बातचीत। जब छात्र अपने शिक्षकों को सत्यवादी और पारदर्शी होते हुए देखते हैं, तो वे स्वयं भी इन व्यवहारों को अपनाने की संभावना रखते हैं। ईमानदारी अकादमिक सत्यनिष्ठा में भी महत्वपूर्ण भूमिका निभाती है, जहाँ मौलिक कार्य और स्रोतों की उचित पहचान पर जोर बौद्धिक संपदा और दूसरों के प्रयासों के प्रति सम्मान की संस्कृति को बढ़ावा देता है।

निष्पक्षता शिक्षा में नैतिक उत्कृष्टता का एक और महत्वपूर्ण पहलू है। इसका अर्थ है सभी छात्रों के साथ समान व्यवहार करना, सीखने और विकास के समान अवसर प्रदान करना और यह सुनिश्चित करना कि किसी भी छात्र को अनुचित रूप से नुकसान न पहुँचे। निष्पक्षता के लिए शिक्षकों को अपने पूर्वाग्रहों के प्रति जागरूक होना और उनका समाधान करना आवश्यक है, जिससे एक समावेशी वातावरण बनाया जा सके जहाँ हर छात्र को मूल्यवान और सम्मानित महसूस हो। यह प्रतिबद्धता मूल्यांकन के डिज़ाइन और कार्यान्वयन तक भी बढ़ती है, जहाँ उद्देश्य प्रत्येक छात्र की क्षमताओं और उपलब्धियों को पूर्वाग्रह या पक्षपात के बिना सटीक रूप से मापना है।

सम्मान नैतिक व्यवहार का मूल है और शैक्षिक संदर्भ में अत्यंत महत्वपूर्ण है। सम्मान में हर व्यक्ति की अंतर्निहित गरिमा और मूल्य को पहचानना और महत्व देना शामिल है, चाहे उनकी पृष्ठभूमि, क्षमताएँ या विश्वास कुछ भी हों। जो शिक्षक अपने छात्रों के प्रति सम्मान प्रदर्शित करते हैं, वे एक सकारात्मक और सहायक शिक्षण वातावरण बनाते हैं, जहाँ छात्र सुरक्षित, मूल्यवान और सफल होने के

लिए प्रेरित महसूस करते हैं। सम्मानपूर्ण बातचीत समुदाय और जुड़ाव की भावना को भी बढ़ावा देती है, जो छात्रों के सामाजिक और भावनात्मक कल्याण के लिए आवश्यक हैं।

जिम्मेदारी नैतिक उत्कृष्टता को परिभाषित करने वाला एक अन्य प्रमुख मूल्य है। शिक्षकों की जिम्मेदारी उनके छात्रों, उनके पेशे और पूरे समाज के प्रति होती है। इसमें उच्च गुणवत्ता वाली शिक्षा प्रदान करना, सीखने के प्रति प्रेम को बढ़ावा देना और छात्रों को जिम्मेदार, संलग्न नागरिक बनने के लिए तैयार करना शामिल है। इसमें पेशेवर मानकों को बनाए रखना, सतत् पेशेवर विकास में भाग लेना और शैक्षिक क्षेत्र की उन्नति में योगदान देना भी शामिल है। जब शिक्षक अपनी जिम्मेदारियों को गंभीरता से लेते हैं, तो वे अपने छात्रों के लिए एक शक्तिशाली उदाहरण प्रस्तुत करते हैं, उन्हें अपनी शिक्षा और कार्यों की जिम्मेदारी लेने के लिए प्रेरित करते हैं।

शिक्षा में नैतिक उत्कृष्टता को बढ़ावा देना जवाबदेही की संस्कृति बनाने में भी शामिल है। जवाबदेही का अर्थ है अपने और दूसरों के कार्यों के लिए जिम्मेदार होना और यह सुनिश्चित करना कि नैतिक मानकों को सख्ती से बनाए रखा जाए। शैक्षिक संदर्भ में, इसमें मूल्यांकन की निष्पक्षता और सटीकता, शिक्षण विधियों की प्रभावशीलता और छात्रों के समग्र कल्याण के लिए जिम्मेदार होना शामिल है। जवाबदेही में नैतिक उल्लंघनों को तुरंत और निष्पक्ष रूप से संबोधित करना भी शामिल है, चाहे वे शैक्षणिक बेईमानी, भेदभाव, या दुर्व्यवहार के अन्य रूप हों। जवाबदेही की संस्कृति को बढ़ावा देकर, शिक्षक शैक्षिक प्रणाली की सत्यनिष्ठा और विश्वसनीयता बनाए रखने में मदद करते हैं।

दया और सहानुभूति शिक्षा में नैतिक उत्कृष्टता के आवश्यक घटक हैं। दया में दूसरों की जरूरतों और चुनौतियों को समझना और उनका जवाब देना शामिल है, जबकि सहानुभूति में किसी और के दृष्टिकोण और भावनाओं का अनुभव करना शामिल है। जो शिक्षक दया और सहानुभूति प्रदर्शित करते हैं, वे एक सहायक और पोषण करने वाला वातावरण बनाते हैं, जहाँ छात्र समझे और cared for महसूस करते हैं। ये गुण विशेष रूप से छात्रों की विविध जरूरतों को पूरा करने में महत्वपूर्ण हैं, जिनमें वे भी शामिल हैं जो शैक्षणिक, सामाजिक, या भावनात्मक रूप से संघर्ष कर रहे हों। दया और सहानुभूति का प्रदर्शन करके, शिक्षक अपने

छात्रों के साथ मजबूत, सकारात्मक संबंध बनाते हैं, जो प्रभावी शिक्षण और सीखने के लिए आवश्यक हैं।

शिक्षा में नैतिक उत्कृष्टता का प्रभाव कक्षा से बहुत आगे तक फैला हुआ है। जब छात्रों को नैतिक दृष्टि से उत्कृष्ट शिक्षकों द्वारा सिखाया और मार्गदर्शित किया जाता है, तो उनके जिम्मेदार और सिद्धांतवादी वयस्क बनने की संभावना अधिक होती है, जो समाज में सकारात्मक योगदान देते हैं। नैतिक शिक्षा नैतिक जिम्मेदारी की भावना को विकसित करने में मदद करती है, जिससे छात्रों को अपने कार्यों के प्रभाव पर विचार करने और बड़े कल्याण के लिए प्रयास करने के लिए प्रोत्साहन मिलता है। यह नैतिक जिम्मेदारी की भावना आज की जटिल सामाजिक, आर्थिक और पर्यावरणीय चुनौतियों का समाधान करने में आवश्यक है।

इसके अलावा, शिक्षा में नैतिक उत्कृष्टता एक सकारात्मक और उत्पादक सीखने के माहौल को बनाने में मदद करती है। जब छात्र महसूस करते हैं कि उनके साथ निष्पक्षता और सम्मान के साथ व्यवहार किया जाता है, तो उनके सीखने में संलग्न होने और प्रेरित होने की संभावना अधिक होती है। एक सकारात्मक सीखने का वातावरण समुदाय और जुड़ाव की भावना को भी बढ़ावा देता है, जो छात्रों के सामाजिक और भावनात्मक विकास के लिए आवश्यक है। ऐसे वातावरण में, छात्र अधिक संभावना रखते हैं कि वे सहयोग करें, एक-दूसरे का समर्थन करें, और सामान्य लक्ष्यों की दिशा में काम करें।

शिक्षा में नैतिक उत्कृष्टता आलोचनात्मक सोच और नैतिक निर्णय लेने के कौशल को बढ़ावा देने में भी महत्वपूर्ण भूमिका निभाती है। नैतिक दुविधाओं और चुनौतियों का पता लगाने वाली चर्चाओं और गतिविधियों में छात्रों को शामिल करके, शिक्षक उनकी आलोचनात्मक सोचने की क्षमता, विभिन्न दृष्टिकोणों पर विचार करने और सूचित, नैतिक निर्णय लेने की क्षमता का विकास करने में मदद करते हैं। ये कौशल आधुनिक दुनिया में सफलता के लिए आवश्यक हैं, जहाँ व्यक्तियों को लगातार जटिल और अक्सर परस्पर विरोधी विकल्पों का सामना करना पड़ता है।

शिक्षा में नैतिक उत्कृष्टता को बढ़ावा देना एक सामूहिक जिम्मेदारी है जिसमें

शिक्षक, छात्र, अभिभावक और व्यापक समुदाय शामिल होते हैं। यह सतत् प्रतिबिंब और सुधार के लिए प्रतिबद्धता, साथ ही नैतिक चुनौतियों का सामना करने और जो सही है उसके लिए खड़े होने का साहस माँगता है। मिलकर काम करके, हम एक ऐसी शैक्षिक प्रणाली बना सकते हैं जो केवल ज्ञान प्रदान नहीं करती, बल्कि भविष्य की पीढ़ियों के नैतिक और नैतिक विकास को भी पोषित करती है।

शिक्षा में नैतिक उत्कृष्टता का महत्व अतुलनीय है। यह एक न्यायपूर्ण और सामंजस्यपूर्ण समाज के निर्माण की नींव है। नैतिक उत्कृष्टता में सत्यनिष्ठा, ईमानदारी, निष्पक्षता, सम्मान, जिम्मेदारी, दया और सहानुभूति के प्रति प्रतिबद्धता शामिल है। यह शिक्षकों से उदाहरण प्रस्तुत करने, विश्वास, जवाबदेही और नैतिक व्यवहार को संस्कृति को बढ़ावा देने की अपेक्षा करता है। शिक्षा में नैतिक उत्कृष्टता का प्रभाव कक्षा से बहुत आगे तक जाता है, व्यक्तियों के चरित्र और कार्यों को आकार देता है और समाज की भलाई में योगदान देता है। शिक्षा में नैतिक उत्कृष्टता को प्राथमिकता देकर, हम भविष्य की पीढ़ियों के लिए एक बेहतर, अधिक न्यायपूर्ण और दयालु दुनिया बनाने में मदद कर सकते हैं।

"शिक्षा में नैतिक उत्कृष्टता कोई गंतव्य नहीं है, बल्कि एक सतत यात्रा है। यह सतत् प्रतिबिंब और विकास की माँग करती है। साथ मिलकर, हम सत्यनिष्ठा और करुणा की नींव रखते हैं।"

2

नैतिक शिक्षण की नींव: मूल सिद्धांत और मूल्य

नैतिक शिक्षण एक मजबूत और प्रभावी शैक्षिक प्रणाली का आधार है। यह केवल ज्ञान प्रदान करने तक सीमित नहीं है, बल्कि छात्रों के नैतिक और चारित्रिक विकास को पोषित करने पर केंद्रित है। नैतिक शिक्षण की नींव उन मूल सिद्धांतों और मूल्यों पर आधारित है, जो शिक्षकों को उनके पेशेवर आचरण और छात्रों के साथ बातचीत में मार्गदर्शन प्रदान करते हैं। ये सिद्धांत और मूल्य विश्वास, सम्मान, निष्पक्षता और सत्यनिष्ठा को बढ़ावा देने वाले शिक्षण वातावरण को बनाने में आवश्यक हैं। इन आधारभूत तत्वों का पालन करके, शिक्षक छात्रों को जिम्मेदार, नैतिक व्यक्तियों के रूप में विकसित होने के लिए प्रेरित कर सकते हैं, जो समाज में सकारात्मक योगदान देते हैं।

नैतिक शिक्षण के मूल सिद्धांतों में से एक सत्यनिष्ठा है। सत्यनिष्ठा का अर्थ है सभी पेशेवर गतिविधियों में ईमानदार, भरोसेमंद और पारदर्शी होना। शिक्षकों के लिए इसका मतलब है कि वे अपने संवादों में सत्यवादी रहें, अपने मूल्यांकन में निष्पक्ष हों, और अपने कार्यों में सुसंगत रहें। सत्यनिष्ठा महत्वपूर्ण है क्योंकि यह शिक्षकों और छात्रों के बीच, साथ ही सहकर्मियों और व्यापक समुदाय के बीच विश्वास को बढ़ावा देती है। जब शिक्षक सत्यनिष्ठा का प्रदर्शन करते हैं, तो वे अपने छात्रों के लिए एक शक्तिशाली उदाहरण प्रस्तुत करते हैं, उन्हें अपने जीवन

में समान मूल्यों को अपनाने के लिए प्रोत्साहित करते हैं। सत्यनिष्ठा में पेशेवर सीमाओं को बनाए रखना और हितों के टकराव से बचना भी शामिल है, जिससे यह सुनिश्चित हो सके कि सभी बातचीत उच्चतम नैतिक मानकों के साथ की जाएं।

ईमानदारी सत्यनिष्ठा से निकटता से जुड़ी है और नैतिक शिक्षण का एक और महत्वपूर्ण घटक है। यह शिक्षकों से यह अपेक्षा करता है कि वे छात्रों, अभिभावकों और सहकर्मियों के साथ अपने व्यवहार में सत्यवादी रहें। इसमें छात्रों के प्रदर्शन के बारे में ईमानदार होना, रचनात्मक प्रतिक्रिया प्रदान करना, और गलतियों को स्वीकार करना शामिल है। ईमानदारी विश्वास और सम्मान के वातावरण को बढ़ावा देती है, जहाँ छात्र अपने विचारों और चिंताओं को व्यक्त करने में सुरक्षित महसूस करते हैं। यह शैक्षणिक सत्यनिष्ठा को भी बढ़ावा देती है, क्योंकि छात्रों को मौलिक कार्य तैयार करने और जिन स्रोतों का उपयोग किया गया है उन्हें उचित श्रेय देने के लिए प्रोत्साहित किया जाता है। ईमानदारी का प्रदर्शन करके, शिक्षक छात्रों को उनके शैक्षणिक और व्यक्तिगत जीवन में सत्यनिष्ठा के महत्व को समझने में मदद करते हैं।

निष्पक्षता नैतिक शिक्षण में एक महत्वपूर्ण मूल्य है, यह सुनिश्चित करती है कि सभी छात्रों के साथ समान व्यवहार किया जाए और पूर्वाग्रह से मुक्त होकर। इस सिद्धांत में सीखने और विकास के समान अवसर प्रदान करना शामिल है, चाहे छात्र की पृष्ठभूमि, क्षमताएँ या परिस्थितियाँ कुछ भी हों। निष्पक्षता के लिए शिक्षकों को अपने पूर्वाग्रहों के प्रति जागरूक होना और उन्हें सक्रिय रूप से दूर करने का प्रयास करना आवश्यक है। इसमें निष्पक्ष मूल्यांकन प्रथाओं को लागू करना भी शामिल है, जो प्रत्येक छात्र की क्षमताओं और उपलब्धियों को सटीक रूप से दर्शाती हैं। निष्पक्ष होकर, शिक्षक एक समावेशी वातावरण बनाते हैं, जहाँ हर छात्र को मूल्यवान और सम्मानित महसूस होता है। निष्पक्षता अनुशासनात्मक कार्यों तक भी फैली हुई है, जिन्हें सुसंगत और पक्षपात रहित तरीके से लागू किया जाना चाहिए।

सम्मान नैतिक शिक्षण का एक और आधारभूत मूल्य है। इसमें हर व्यक्ति की अंतर्निहित गरिमा और मूल्य को पहचानना और उसका सम्मान करना शामिल है। शिक्षकों के लिए इसका मतलब है कि छात्रों के साथ दयालुता से पेश आना, उनकी चिंताओं को सुनना, और उनके योगदान की सराहना करना। सम्मान में

एक कक्षा का वातावरण बनाना भी शामिल है, जहाँ विविधता का जश्न मनाया जाए और भिन्नताओं को ताकत के रूप में देखा जाए। जब शिक्षक सम्मान का प्रदर्शन करते हैं, तो वे एक सकारात्मक और सहायक शिक्षण वातावरण को बढ़ावा देते हैं, जहाँ छात्र सुरक्षित और प्रेरित महसूस करते हैं। सम्मानजनक बातचीत छात्रों को दूसरों के साथ दयालुता और विचारशीलता के साथ व्यवहार करने के लिए भी प्रोत्साहित करती है, जिससे स्कूल समुदाय में आपसी सम्मान की संस्कृति को बढ़ावा मिलता है।

जिम्मेदारी नैतिक शिक्षण का एक प्रमुख सिद्धांत है। शिक्षकों की जिम्मेदारी उनके छात्रों, उनके पेशे और पूरे समाज के प्रति होती है। इसमें उच्च गुणवत्ता वाली शिक्षा प्रदान करना, सीखने के प्रति प्रेम को बढ़ावा देना, और छात्रों को जिम्मेदार, जागरूक नागरिक बनने के लिए तैयार करना शामिल है। इसमें पेशेवर मानकों को बनाए रखना, सतत् पेशेवर विकास में भाग लेना और शैक्षिक क्षेत्र की उन्नति में योगदान देना भी शामिल है। शिक्षकों को अपने कार्यों और निर्णयों के लिए जिम्मेदारी लेनी चाहिए, यह सुनिश्चित करना चाहिए कि वे अपने छात्रों के सर्वोत्तम हित में कार्य करें। जिम्मेदारी का प्रदर्शन करके, शिक्षक छात्रों को अपने स्वयं के शिक्षण और कार्यों की जिम्मेदारी लेने के लिए प्रेरित करते हैं।

दयालुता और सहानुभूति नैतिक शिक्षण के आवश्यक घटक हैं, जो दूसरों की जरूरतों और चुनौतियों को समझने और उनका जवाब देने में शामिल हैं। दयालुता शिक्षकों से यह अपेक्षा करती है कि वे अपने छात्रों के भावनात्मक और सामाजिक कल्याण के प्रति संवेदनशील रहें, जहाँ आवश्यकता हो, समर्थन और प्रोत्साहन प्रदान करें। सहानुभूति में स्वयं को किसी और की जगह रखकर उनके दृष्टिकोण और भावनाओं को महसूस करना शामिल है। दयालुता और सहानुभूति का प्रदर्शन करके, शिक्षक एक पोषण करने वाला वातावरण बनाते हैं, जहाँ छात्र समझे और cared for महसूस करते हैं। ये गुण विशेष रूप से उन छात्रों की विविध जरूरतों को पूरा करने में महत्वपूर्ण हैं, जो शैक्षणिक, सामाजिक या भावनात्मक रूप से संघर्ष कर रहे हों।

जवाबदेही नैतिक शिक्षण में एक और प्रमुख सिद्धांत है, जिसमें स्वयं और दूसरों को उनके कार्यों के लिए जिम्मेदार ठहराना शामिल है। जवाबदेही का मतलब है कि मूल्यांकन की निष्पक्षता और सटीकता, शिक्षण विधियों की प्रभावशीलता और

छात्रों के समग्र कल्याण के लिए उत्तरदायी होना। इसमें नैतिक उल्लंघनों को तुरंत और निष्पक्ष रूप से संबोधित करना भी शामिल है, चाहे वे शैक्षणिक बेईमानी, भेदभाव, या दुर्व्यवहार के अन्य रूप हों। जवाबदेही की संस्कृति को बढ़ावा देकर, शिक्षक शैक्षिक प्रणाली की सत्यनिष्ठा और विश्वसनीयता बनाए रखने में मदद करते हैं।

नैतिक शिक्षण में आजीवन सीखने और पेशेवर विकास के लिए प्रतिबद्धता की भी आवश्यकता होती है। शिक्षकों को अपने ज्ञान और कौशल में निरंतर सुधार करने के लिए प्रयासरत रहना चाहिए, ताकि अपने छात्रों को सर्वोत्तम संभव शिक्षा प्रदान की जा सके। यह प्रतिबद्धता पेशेवर विकास सुनिश्चित करती है कि शिक्षक नवीनतम शोध, शिक्षण विधियों और शैक्षणिक प्रौद्योगिकियों के साथ अद्यतन रहें।

"शिक्षक केवल ज्ञान के संवाहक नहीं हैं; वे नैतिक व्यवहार के आदर्श भी हैं। उनके कार्य भविष्य की पीढ़ियों के मूल्यों को आकार देते हैं। उनके हर निर्णय का प्रभाव उनके छात्रों के नैतिक दृष्टिकोण पर पड़ता है।"

3

कक्षा में ईमानदारी की भूमिका

ईमानदारी एक मूलभूत गुण है जो शैक्षिक वातावरण की प्रभावशीलता और नैतिक स्थिति को सुदृढ़ करता है। कक्षा में, ईमानदारी केवल एक अमूर्त सिद्धांत नहीं है; यह रोज़ाना के संवादों और प्रक्रियाओं का व्यावहारिक और आवश्यक घटक है। इसमें ईमानदारी, पारदर्शिता, और स्थिरता शामिल हैं, जो छात्रों, शिक्षकों और व्यापक विद्यालय समुदाय के बीच विश्वास और सम्मान को बढ़ावा देते हैं। कक्षा में ईमानदारी की भूमिका व्यक्तिगत व्यवहार से परे, समग्र संस्कृति और शैक्षिक प्रणाली की सफलता को प्रभावित करती है।

कक्षा में ईमानदारी शिक्षकों से शुरू होती है। शिक्षक आदर्श प्रस्तुत करते हैं, और उनके कार्य छात्रों के दृष्टिकोण और व्यवहार पर गहरा प्रभाव डालते हैं। जब शिक्षक ईमानदारी दिखाते हैं, तो वे छात्रों के लिए अनुसरण करने योग्य एक शक्तिशाली उदाहरण प्रस्तुत करते हैं। इसमें संचार में ईमानदारी, मूल्यांकन में निष्पक्षता, और नियमों और अपेक्षाओं को लागू करने में स्थिरता शामिल है। ईमानदारी को अपनाकर शिक्षक ऐसा वातावरण बनाते हैं जहां छात्र सुरक्षित, सम्मानित और पढ़ाई के लिए प्रेरित महसूस करते हैं। यह वातावरण प्रभावी शिक्षण और सीखने के लिए महत्वपूर्ण है क्योंकि यह छात्रों को पूर्वाग्रह या अनुचित व्यवहार के डर के बिना अपनी पढ़ाई पर ध्यान केंद्रित करने देता है।

ईमानदारी का एक प्रमुख पहलू है सत्यनिष्ठा। कक्षा में, ईमानदारी कई रूपों में

प्रकट होती है, जैसे कि सत्यपूर्ण प्रतिक्रिया देना, गलतियों को स्वीकार करना, और अपेक्षाओं और मूल्यांकन मानदंडों के बारे में पारदर्शिता बनाए रखना। जब शिक्षक ईमानदार होते हैं, तो वे छात्रों के साथ विश्वास बनाते हैं। यह विश्वास, बदले में, छात्र की भागीदारी और प्रेरणा को बढ़ाता है। छात्र जोखिम उठाने, सवाल पूछने और मदद मांगने के लिए अधिक तैयार होते हैं जब उन्हें पता होता है कि उनका शिक्षक विश्वसनीय और सत्यनिष्ठ है। इसके अलावा, मूल्यांकन प्रथाओं में ईमानदारी सुनिश्चित करती है कि छात्रों को उनके प्रदर्शन का सही और निष्पक्ष मूल्यांकन प्राप्त हो, जो उनके शैक्षणिक विकास के लिए आवश्यक है।

पारदर्शिता, ईमानदारी से निकटता से जुड़ी हुई है और कक्षा में ईमानदारी का एक अन्य महत्वपूर्ण घटक है। पारदर्शिता में कक्षा की नीतियों, प्रक्रियाओं और अपेक्षाओं के बारे में स्पष्ट और खुला संवाद शामिल है। इसका मतलब है कि छात्र समझते हैं कि उनसे क्या अपेक्षित है और वे अपने शिक्षक से क्या उम्मीद कर सकते हैं। जब शिक्षक पारदर्शी होते हैं, तो वे एक पूर्वानुमेय और स्थिर सीखने का वातावरण बनाते हैं। यह स्थिरता छात्रों को सुरक्षित और समर्थित महसूस करने में मदद करती है, जो उनके भावनात्मक और शैक्षणिक कल्याण के लिए महत्वपूर्ण है। इसके अलावा, पारदर्शिता गलतफहमियों और संघर्षों को रोकने में मदद करती है, क्योंकि हर कोई कक्षा को संचालित करने वाले नियमों और प्रक्रियाओं से अवगत होता है।

स्थिरता ईमानदारी का एक और महत्वपूर्ण पहलू है। स्थिरता का अर्थ है नियमों और अपेक्षाओं को सभी छात्रों पर समान रूप से लागू करना। इसका मतलब है कि सभी छात्रों को समान मानकों पर रखा जाता है और अनुशासनात्मक कार्रवाई निष्पक्षता से की जाती है। जब शिक्षक स्थिर होते हैं, तो वे कक्षा में निष्पक्षता और समानता की भावना स्थापित करते हैं। छात्र नियमों का सम्मान करने और उनका पालन करने की अधिक संभावना रखते हैं जब उन्हें पता होता है कि उन्हें स्थिरता और बिना किसी पक्षपात के लागू किया जाएगा। स्थिरता एक सकारात्मक कक्षा संस्कृति बनाने में भी मदद करती है, जहां छात्र अपने कार्यों के परिणामों को समझते हैं और नैतिक रूप से व्यवहार करने के लिए प्रेरित होते हैं।

कक्षा में ईमानदारी की सबसे महत्वपूर्ण भूमिकाओं में से एक विश्वास बनाना है। विश्वास शिक्षकों और छात्रों के बीच सकारात्मक संबंधों की नींव है। जब छात्र

अपने शिक्षक पर विश्वास करते हैं, तो वे अधिक प्रेरित, प्रेरित और शैक्षणिक जोखिम उठाने के लिए तैयार होते हैं। विश्वास खुले संवाद को भी प्रोत्साहित करता है, जिससे छात्र बिना किसी निर्णय या प्रतिशोध के अपने विचार, चिंताएं और प्रश्न व्यक्त कर सकते हैं। यह खुला संवाद प्रभावी शिक्षण और सीखने के लिए आवश्यक है क्योंकि यह शिक्षकों को छात्रों की ज़रूरतों और चुनौतियों को समझने और उन्हें संबोधित करने में सक्षम बनाता है। इसके अलावा, विश्वास कक्षा में एक सामुदायिक भावना और जुड़ाव को बढ़ावा देता है, जो छात्रों के सामाजिक और भावनात्मक विकास के लिए महत्वपूर्ण है।

ईमानदारी कक्षा की सकारात्मक संस्कृति को बढ़ावा देने में भी महत्वपूर्ण भूमिका निभाती है। ईमानदारी पर आधारित कक्षा संस्कृति आपसी सम्मान, निष्पक्षता और नैतिक व्यवहार द्वारा चिह्नित होती है। ऐसी संस्कृति में, छात्र मूल्यवान और हैं, जिससे उनकी आत्म-सम्मान और सीखने की प्रेरणा बढ़ती है। इसके अलावा, एक सकारात्मक कक्षा संस्कृति छात्रों के बीच सहयोग और सहकारिता को बढ़ावा देती है। जब छात्र अपने शिक्षक को ईमानदारी से कार्य करते हुए देखते हैं, तो वे इन व्यवहारों को अपने सहपाठियों के साथ बातचीत में अपनाने की अधिक संभावना रखते हैं। यह अनुकरण एक सहायक और समावेशी सीखने का वातावरण बनाता है, जहां छात्र सामान्य लक्ष्यों को प्राप्त करने के लिए मिलकर काम करते हैं।

कक्षा में ईमानदारी का शैक्षणिक ईमानदारी पर भी महत्वपूर्ण प्रभाव पड़ता है। शैक्षणिक ईमानदारी में असाइनमेंट, मूल्यांकन और शोध सहित शैक्षणिक कार्य के सभी पहलुओं में नैतिक मानकों को बनाए रखना शामिल है। जब शिक्षक ईमानदारी का उदाहरण प्रस्तुत करते हैं, तो वे शैक्षणिक सत्यनिष्ठा के महत्व को मजबूत करते हैं और धोखाधड़ी, साहित्यिक चोरी और अन्य प्रकार के शैक्षणिक कदाचार को हतोत्साहित करते हैं। शिक्षक शैक्षणिक ईमानदारी को बढ़ावा देने के लिए स्पष्ट अपेक्षाएँ निर्धारित करके, उचित उद्धरण प्रथाओं पर मार्गदर्शन प्रदान करके और ईमानदारी और जिम्मेदारी की संस्कृति को बढ़ावा देकर रणनीतियाँ लागू कर सकते हैं।

ईमानदारी एक व्यापक प्रभाव डालती है, जो छात्रों को नैतिक व्यवहार की दिशा में प्रेरित करती है और समाज में भी इसका सकारात्मक प्रभाव होता है।

4

छात्रों और शिक्षकों के बीच ईमानदारी को बढ़ावा देना

छात्रों और शिक्षकों के बीच ईमनदारी को बढ़ावा देना शैक्षिक वातावरण में विश्वास, सत्यनिष्ठा और शैक्षणिक उत्कृष्टता की संस्कृति को पोषित करने के लिए आवश्यक है। ईमानदारी नैतिक व्यवहार का आधार है, और इसे बढ़ावा देना सीखने के ऐसे माहौल को बनाने के लिए अनिवार्य है जहां छात्र सुरक्षित, सम्मानित और अपनी पढ़ाई में सक्रिय रूप से शामिल होने के लिए प्रेरित महसूस करें। शिक्षकों के लिए, ईमानदारी का प्रदर्शन पेशेवर आचरण का एक मानक स्थापित करता है जो छात्रों, सहकर्मियों और व्यापक विद्यालय समुदाय के साथ उनके संवादों को प्रभावित करता है। ईमानदारी को बढ़ावा देने के लिए स्पष्ट संवाद, नैतिक नेतृत्व, सहायक नीतियां और ऐसा वातावरण बनाने की प्रतिबद्धता की आवश्यकता होती है जहां सत्यनिष्ठा का सम्मान और पालन हो।

शिक्षा में ईमानदारी स्पष्ट अपेक्षाओं और दिशानिर्देशों की स्थापना के साथ शुरू होती है। शिक्षकों को शैक्षणिक कार्य के सभी पहलुओं, जैसे असाइनमेंट, मूल्यांकन, और कक्षा की बातचीत में, ईमानदारी के महत्व को संप्रेषित करना चाहिए। इस संवाद में यह बताना चाहिए कि ईमानदार व्यवहार क्या है और धोखाधड़ी, साहित्यिक चोरी और गलत जानकारी देने जैसे अनुचित कार्यों के परिणाम क्या होंगे। स्पष्ट अपेक्षाएं निर्धारित करके, शिक्षक छात्रों को ईमानदारी

के महत्व और उनके कार्यों के उनके सीखने और शैक्षणिक संस्थान की सत्यनिष्ठा पर प्रभाव को समझने के लिए एक ढांचा प्रदान करते हैं।

ईमानदार व्यवहार का प्रदर्शन करना शिक्षकों द्वारा छात्रों में ईमानदारी को बढ़ावा देने के सबसे प्रभावी तरीकों में से एक है। शिक्षक जो अपने कार्यों और संवादों में लगातार ईमानदारी दिखाते हैं, वे अपने छात्रों के लिए आदर्श बनते हैं। इसमें प्रतिक्रिया में सत्यता, गलतियों को स्वीकार करना और कक्षा की नीतियों और मूल्यांकन मानदंडों के बारे में पारदर्शी होना शामिल है। जब छात्र अपने शिक्षकों को ईमानदारी को महत्व देते और सत्यनिष्ठा के साथ कार्य करते हुए देखते हैं, तो वे इन व्यवहारों को अपने शैक्षणिक और व्यक्तिगत जीवन में अपनाने की अधिक संभावना रखते हैं।

ईमानदारी को बढ़ावा देने के लिए एक सहायक और समावेशी कक्षा का वातावरण बनाना आवश्यक है। छात्र तब अधिक ईमानदार होते हैं जब वे सम्मानित, मूल्यवान और समझे गए महसूस करते हैं। शिक्षक इस वातावरण को प्रोत्साहित कर सकते हैं, जैसे खुले संवाद को बढ़ावा देना, छात्रों की चिंताओं को सक्रिय रूप से सुनना, और छात्रों को बिना किसी निर्णय या प्रतिशोध के खुद को व्यक्त करने के लिए एक सुरक्षित स्थान प्रदान करना।

निष्पक्ष और पारदर्शी मूल्यांकन प्रथाओं का कार्यान्वयन ईमानदारी को बढ़ावा देने का एक और प्रमुख पहलू है। मूल्यांकन को छात्रों के ज्ञान और कौशल को ईमानदारी से मापने के लिए डिज़ाइन किया जाना चाहिए। इसमें स्पष्ट, प्रासंगिक और उपयुक्त रूप से चुनौतीपूर्ण असाइनमेंट और परीक्षाएं तैयार करना शामिल है। शिक्षकों को यह भी मार्गदर्शन देना चाहिए कि कैसे स्रोतों को ठीक से उद्धृत करें और साहित्यिक चोरी से बचें।

शिक्षा में ईमानदारी का समर्थन करने के लिए, स्कूलों को छात्रों, शिक्षकों और अभिभावकों सहित सभी सदस्यों के बीच सहयोग करना चाहिए। ईमानदारी और सत्यनिष्ठा के प्रति प्रतिबद्धता को दर्शाने वाली नीतियों और आचार संहिताओं को लागू करना चाहिए।

"समावेशी स्कूल वातावरण बनाना नैतिक व्यवहार को बढ़ावा देने की नींव है। जब छात्र मूल्यवान और सम्मानित महसूस करते हैं, तो वे प्रगति करते हैं। समावेशिता और निष्पक्षता आपसी सम्मान और समझ की दिशा में मार्ग प्रशस्त करते हैं।"

5

करुणा और सहानुभूति: एक संवेदनशील शैक्षिक वातावरण का निर्माण

करुणा और सहानुभूति एक संवेदनशील और सहायक शैक्षिक वातावरण बनाने के लिए अत्यंत महत्वपूर्ण हैं। ये गुण न केवल छात्रों की भलाई को बढ़ाते हैं बल्कि एक ऐसा वातावरण भी उत्पन्न करते हैं जहाँ सीखने की प्रक्रिया फल-फूल सके। करुणा का तात्पर्य है दूसरों के कष्ट को पहचानना और उसे कम करना, जबकि सहानुभूति का अर्थ है किसी अन्य व्यक्ति की भावनाओं को समझना और साझा करना। जब शिक्षक करुणा और सहानुभूति का अभ्यास करते हैं, तो वे विश्वास का निर्माण करते हैं, खुला संवाद प्रोत्साहित करते हैं और एक ऐसा भावना निर्माण करते हैं जो शैक्षणिक और व्यक्तिगत विकास के लिए आवश्यक है। एक संवेदनशील शैक्षिक वातावरण बनाने के लिए इन मूल्यों के प्रति शैक्षिक प्रणाली के सभी स्तरों पर प्रतिबद्धता आवश्यक है, कक्षा के व्यक्तिगत संवादों से लेकर स्कूल की व्यापक नीतियों और प्रथाओं तक।

करुणा और सहानुभूति आधारित शैक्षिक वातावरण के केंद्र में शिक्षक और छात्रों के बीच का संबंध होता है। वे शिक्षक जो करुणा और सहानुभूति प्रदर्शित करते हैं, एक सुरक्षित स्थान का निर्माण करते हैं जहाँ छात्र खुद को मूल्यवान और समझा हुआ महसूस करते हैं। यह सुरक्षा का अहसास छात्रों के लिए शैक्षणिक जोखिम लेने, प्रश्न पूछने और बिना किसी निर्णय के डर के अपने विचार और भावनाओं को

व्यक्त करने के लिए अत्यंत महत्वपूर्ण है। जब छात्र अपने शिक्षकों को देखभाल और सहानुभूति रखते हुए देखते हैं, तो वे सक्रिय रूप से अपनी शिक्षा में भाग लेने और स्कूल के प्रति सकारात्मक दृष्टिकोण विकसित करने के लिए अधिक प्रेरित होते हैं। ये सकारात्मक संबंध छात्रों की विविध आवश्यकताओं को संबोधित करने के लिए एक मजबूत आधार प्रदान करते हैं, जिनमें वे भी शामिल हैं जो शैक्षणिक, सामाजिक या भावनात्मक रूप से संघर्ष कर रहे हों।

शिक्षा में करुणा और सहानुभूति सक्रिय सुनने के साथ शुरू होती है। सक्रिय सुनने का अर्थ है वक्ता पर पूरी तरह ध्यान केंद्रित करना, उनके संदेश को समझना और सोच-समझकर प्रतिक्रिया देना। जब शिक्षक सक्रिय सुनने का अभ्यास करते हैं, तो वे छात्रों को दिखाते हैं कि उनकी आवाज़ मायने रखती है और उनके अनुभव और दृष्टिकोण महत्वपूर्ण हैं। यह मान्यता छात्र के आत्म-सम्मान और प्रेरणा पर सकारात्मक प्रभाव डाल सकती है। इसके अतिरिक्त, सक्रिय सुनने से शिक्षकों को छात्रों की विशिष्ट आवश्यकताओं और चिंताओं की पहचान करने और उनका समाधान करने में मदद मिलती है। ध्यानपूर्वक और उत्तरदायी होकर, शिक्षक ऐसा उपयुक्त समर्थन और हस्तक्षेप प्रदान कर सकते हैं जो छात्र की सीखने और भलाई को बढ़ाए।

करुणा और सहानुभूति आधारित शैक्षिक वातावरण बनाने का एक और महत्वपूर्ण पहलू समावेशी कक्षा संस्कृति बनाना है। एक समावेशी कक्षा छात्रों की विविधता को पहचानती और मनाती है, जिनमें पृष्ठभूमि, क्षमता और अनुभव में अंतर शामिल है। शिक्षक समावेशिता को प्रोत्साहित कर सकते हैं पाठ्यक्रम में विविध दृष्टिकोणों को शामिल करके, सांस्कृतिक रूप से उत्तरदायी शिक्षण प्रथाओं का उपयोग करके, और सभी छात्रों को भाग लेने और योगदान करने के अवसर प्रदान करके। एक समावेशी वातावरण न केवल समानता और सम्मान को बढ़ावा देता है बल्कि छात्रों को विभिन्न दृष्टिकोणों और अनुभवों के प्रति सहानुभूति विकसित करने में भी मदद करता है। जब छात्र विविधता की सराहना और समझना सीखते हैं, तो वे दूसरों के साथ सहानुभूति व्यक्त करने और अपनी बातचीत में करुणा के साथ कार्य करने के लिए बेहतर रूप से सक्षम होते हैं।

शिक्षकों द्वारा करुणा और सहानुभूति व्यवहार का मॉडल प्रस्तुत करना इन मूल्यों को छात्रों में स्थापित करने के सबसे प्रभावी तरीकों में से एक है। जो शिक्षक

लगातार दया, समझ और समर्थन का प्रदर्शन करते हैं, वे अपने छात्रों के लिए एक शक्तिशाली उदाहरण प्रस्तुत करते हैं। यह मॉडलिंग रोजमर्रा की बातचीत में हो सकती है, जैसे संकट में पड़े छात्र को सुनने का समय देना, प्रोत्साहन और सकारात्मक प्रतिक्रिया प्रदान करना, या जब छात्र गलती करते हैं तो धैर्य और समझ दिखाना। करुणा और सहानुभूति को आत्मसात करके, शिक्षक एक प्रभाव उत्पन्न करते हैं जो उनके छात्रों के व्यवहार और दृष्टिकोण को प्रभावित करता है। समय के साथ, छात्र इन मूल्यों को आत्मसात करना और अपने सहपाठियों और अन्य लोगों के साथ बातचीत में उन्हें लागू करना सीखते हैं।

करुणा और सहानुभूति के अभ्यास के लिए छात्रों के लिए अवसर प्रदान करना भी एक संवेदनशील शैक्षिक वातावरण बनाने के लिए आवश्यक है। सेवा-शिक्षण परियोजनाएँ, सहकर्मी परामर्श कार्यक्रम और सहयोगात्मक गतिविधियाँ छात्रों को व्यावहारिक अनुभव प्रदान करती हैं, जिनमें वे इन गुणों को विकसित और प्रदर्शित कर सकते हैं। उदाहरण के लिए, सेवा-शिक्षण परियोजनाएँ छात्रों को अपने समुदायों के साथ जुड़ने और सेवा के कार्यों के माध्यम से सकारात्मक प्रभाव डालने की अनुमति देती हैं। ये परियोजनाएँ छात्रों को करुणा और सहानुभूति के वास्तविक दुनिया के निहितार्थों को देखने और दूसरों को वापस देने के महत्व को समझने में मदद करती हैं।

यह अध्याय इन सभी महत्वपूर्ण पहलुओं को समझाने और शिक्षकों, छात्रों और स्कूलों के वातावरण को प्रेरित करने के लिए विस्तृत रूप से लिखा गया है।

6

सम्मान और ज़िम्मेदारी: नैतिक आचरण के मुख्य स्तंभ

सम्मान और ज़िम्मेदारी नैतिक आचरण के दो मुख्य स्तंभ हैं, जो किसी भी शैक्षिक वातावरण के सुचारू संचालन के लिए आवश्यक हैं। ये मूल्य सकारात्मक संबंधों, प्रभावी शिक्षण और सीखने, और एक समेकित स्कूल संस्कृति की नींव बनाते हैं। सम्मान का तात्पर्य प्रत्येक व्यक्ति के अंतर्निहित मूल्य को पहचानने और उन्हें गरिमा और विचार के साथ व्यवहार करने से है। ज़िम्मेदारी का अर्थ है अपने कार्यों के लिए उत्तरदायी होना, अपने कर्तव्यों को पूरा करना, और समुदाय में सकारात्मक योगदान देना। मिलकर, सम्मान और ज़िम्मेदारी नैतिक व्यवहार को समर्थन देने और एक सकारात्मक, समावेशी और उत्पादक शैक्षिक वातावरण को बढ़ावा देने के लिए एक ढांचा तैयार करते हैं।

शिक्षा में सम्मान की शुरुआत प्रत्येक व्यक्ति की मौलिक गरिमा को पहचानने से होती है, जिसमें छात्र, शिक्षक, स्टाफ और प्रशासक शामिल हैं। यह पहचान हर किसी के साथ दयालुता, निष्पक्षता, और गरिमा के साथ व्यवहार करने में निहित है, चाहे उनकी पृष्ठभूमि, क्षमताओं, या विश्वास कुछ भी हों। सम्मानजनक व्यवहार स्कूल में सभी प्रकार के संवादों का स्वर निर्धारित करता है, जिससे आपसी विचार और समझ की संस्कृति को बढ़ावा मिलता है। जब छात्र और शिक्षक सम्मानित महसूस करते हैं, तो वे सीखने की प्रक्रिया में सकारात्मक रूप

से शामिल होने और एक सहायक और सहयोगात्मक स्कूल वातावरण में योगदान करने की अधिक संभावना रखते हैं।

कक्षा में सम्मान प्रदर्शित करने के सबसे महत्वपूर्ण तरीकों में से एक सक्रिय सुनने के माध्यम से है। सक्रिय सुनने का अर्थ है वक्ता पर पूरा ध्यान केंद्रित करना, उनके संदेश को समझना, और सोच-समझकर प्रतिक्रिया देना। शिक्षकों के लिए इसका मतलब है कि छात्रों के सवालों, चिंताओं, और विचारों को बिना रोके या खारिज किए सुनना। जब शिक्षक सक्रिय सुनने का अभ्यास करते हैं, तो वे छात्रों को दिखाते हैं कि उनकी आवाज़ और योगदान मूल्यवान हैं। यह मान्यता एक अपनापन की भावना को बढ़ावा देती है और छात्रों को उनकी शिक्षा में सक्रिय रूप से भाग लेने के लिए प्रोत्साहित करती है। इसके अतिरिक्त, सक्रिय सुनने से शिक्षकों और छात्रों के बीच विश्वास का निर्माण होता है, जो एक सुरक्षित और सहायक सीखने के वातावरण के लिए आवश्यक है।

सम्मान का तात्पर्य एक समावेशी कक्षा बनाने से भी है, जहाँ विविधता का उत्सव मनाया जाता है और भिन्नताओं को ताकत के रूप में देखा जाता है। एक समावेशी कक्षा प्रत्येक छात्र के अद्वितीय योगदानों को मान्यता देती है और सभी को सफल होने के लिए समान अवसर प्रदान करती है। शिक्षक विविध दृष्टिकोणों को पाठ्यक्रम में शामिल करके, सांस्कृतिक रूप से उत्तरदायी शिक्षण प्रथाओं का उपयोग करके, और सभी छात्रों को भाग लेने और योगदान करने के अवसर प्रदान करके समावेशिता को प्रोत्साहित कर सकते हैं। जब छात्र कक्षा में अपनी पहचान और अनुभवों को प्रतिबिंबित और मूल्यवान देखते हैं, तो वे अधिक सम्मानित और अपनी शिक्षा में शामिल महसूस करते हैं। समावेशिता सहानुभूति और समझ को भी बढ़ावा देती है, जिससे छात्र अपने साथियों की विविध पृष्ठभूमियों और दृष्टिकोणों को समझने और सम्मान करने की क्षमता विकसित करते हैं।

छात्रों के बीच सम्मान को बढ़ावा देने के अलावा, शिक्षकों को अपने सहयोगियों और व्यापक स्कूल समुदाय के लिए भी सम्मान दिखाना चाहिए। इसमें सभी स्टाफ सदस्यों के साथ दयालुता, निष्पक्षता, और व्यावसायिकता के साथ व्यवहार करना शामिल है। शिक्षकों के बीच सम्मानजनक संवाद एक सकारात्मक कार्य वातावरण बनाते हैं जो सहयोग और व्यावसायिक विकास को समर्थन देता है। जब शिक्षक एक-दूसरे का सम्मान करते हैं, तो वे विचारों को साझा करने, एक-दूसरे

के प्रयासों का समर्थन करने, और अपने छात्रों के लिए शैक्षिक अनुभव को बढ़ाने के लिए मिलकर काम करने की अधिक संभावना रखते हैं। यह सहयोगात्मक संस्कृति स्कूल समुदाय में सभी के लिए लाभकारी होती है और एक समेकित और प्रभावी शैक्षिक प्रणाली में योगदान करती है।

ज़िम्मेदारी नैतिक आचरण का एक और महत्वपूर्ण स्तंभ है, जिसमें जवाबदेही और अपने कर्तव्यों को पूरा करना शामिल है। छात्रों के लिए, ज़िम्मेदारी का मतलब है कि वे अपनी शिक्षा की ज़िम्मेदारी लें, समय पर असाइनमेंट पूरा करें, और स्कूल के नियमों और अपेक्षाओं का पालन करें। इसमें उनके कार्यों के लिए उत्तरदायी होना और उनके व्यवहार के प्रभाव को दूसरों पर समझना भी शामिल है। शिक्षक ज़िम्मेदारी के बारे में छात्रों को सिखाने में महत्वपूर्ण भूमिका निभाते हैं, जिसमें स्पष्ट अपेक्षाएँ स्थापित करना, मार्गदर्शन और समर्थन प्रदान करना, और ज़िम्मेदार व्यवहार का मॉडल प्रस्तुत करना शामिल है। जब छात्र अपने कार्यों की ज़िम्मेदारी लेना सीखते हैं, तो वे महत्वपूर्ण जीवन कौशल विकसित करते हैं जो उनके शैक्षणिक और व्यक्तिगत जीवन में उनकी सेवा करेंगे।

शिक्षकों को स्वयं अपने व्यावसायिक आचरण में ज़िम्मेदारी प्रदर्शित करनी चाहिए। इसमें कक्षाओं के लिए तैयारी करना, उच्च-गुणवत्ता वाली शिक्षा प्रदान करना, और अपनी शिक्षण प्रथाओं में लगातार सुधार की तलाश करना शामिल है। यह आकलनों की निष्पक्षता और सटीकता, शिक्षण विधियों की प्रभावशीलता, और छात्रों की समग्र भलाई के लिए उत्तरदायी होना भी शामिल है। अपनी व्यावसायिक ज़िम्मेदारियों को पूरा करके, शिक्षक अपने छात्रों के लिए एक सकारात्मक उदाहरण प्रस्तुत करते हैं और स्कूल के भीतर जवाबदेही की संस्कृति में योगदान करते हैं। इसके अतिरिक्त, शिक्षकों द्वारा ज़िम्मेदार व्यवहार छात्रों, अभिभावकों, और सहयोगियों के साथ विश्वास बनाने में मदद करता है, जो एक सहायक और प्रभावी शैक्षिक वातावरण बनाने के लिए आवश्यक है।

ज़िम्मेदारी व्यापक समुदाय तक भी फैली हुई है, क्योंकि स्कूलों का कर्तव्य समाज में सकारात्मक योगदान देना है। इसमें छात्रों को ज़िम्मेदार, सक्रिय नागरिक बनने के लिए तैयार करना शामिल है जो अपने समुदायों में अर्थपूर्ण योगदान दे सकते हैं। स्कूल इस नागरिक ज़िम्मेदारी की भावना को सामुदायिक सेवा परियोजनाओं, नागरिक शिक्षा, और पाठ्यक्रम में छात्र नेतृत्व के अवसरों को शामिल करके

बढ़ावा दे सकते हैं। इन गतिविधियों से छात्रों को समाज में अपनी भूमिका को समझने और अपने समुदायों में ज़िम्मेदार और सक्रिय भागीदार बनने के लिए आवश्यक कौशल और मूल्यों को विकसित करने में मदद मिलती है। छात्रों में ज़िम्मेदारी की भावना को बढ़ावा देकर, स्कूल भविष्य की चुनौतियों का सामना करने के लिए नैतिक और सक्रिय नागरिकों की एक पीढ़ी का निर्माण करते हैं।

सम्मान और ज़िम्मेदारी की संस्कृति बनाना स्कूल समुदाय के सभी सदस्यों के सहयोगात्मक प्रयास की आवश्यकता है। स्कूल के नेता इस संस्कृति के लिए स्वर निर्धारित करने में महत्वपूर्ण भूमिका निभाते हैं, जिसमें सम्मानजनक और ज़िम्मेदार व्यवहार का समर्थन करने वाली नीतियों और प्रथाओं को बढ़ावा देना शामिल है। इसमें आचरण संहिता लागू करना, शिक्षकों के लिए व्यावसायिक विकास के अवसर प्रदान करना और सम्मान और ज़िम्मेदारी के कार्यों को मान्यता और सम्मान देना शामिल है। इन मूल्यों को प्राथमिकता देकर, स्कूल नेता एक ऐसा वातावरण बना सकते हैं जहाँ नैतिक व्यवहार को महत्व दिया जाता है और बनाए रखा जाता है।

अभिभावक और समुदाय के सदस्य भी सम्मान और ज़िम्मेदारी को बढ़ावा देने में महत्वपूर्ण भूमिका निभाते हैं। शिक्षण प्रक्रिया में अभिभावकों की भागीदारी इन मूल्यों को घर और समुदाय में सुदृढ़ करने में मदद करती है। स्कूल अभिभावकों को स्कूल की गतिविधियों में भाग लेने के अवसर प्रदान करके, उनके बच्चों के विकास का समर्थन करने के लिए संसाधन और कार्यशालाएँ प्रदान करके, और खुले संवाद को बढ़ावा देकर शामिल कर सकते हैं। स्थानीय संगठनों और व्यवसायों के साथ साझेदारी जैसे सामुदायिक सहयोग भी सम्मान और ज़िम्मेदारी को बढ़ावा देने के लिए अतिरिक्त संसाधन और समर्थन प्रदान कर सकते हैं। मिलकर काम करके, स्कूल, अभिभावक, और समुदाय के सदस्य एक व्यापक समर्थन प्रणाली बना सकते हैं जो नैतिक आचरण और समाज में सकारात्मक योगदान को बढ़ावा देती है।

सम्मान और ज़िम्मेदारी का उपयोग स्कूल समुदाय के भीतर नैतिक दुविधाओं और चुनौतियों का सामना करने में भी किया जा सकता है। शिक्षक अक्सर जटिल स्थितियों का सामना करते हैं जहाँ विरोधाभासी हित या मूल्य हो सकते हैं। ऐसे मामलों में, सम्मान और ज़िम्मेदारी नैतिक निर्णय लेने का मार्गदर्शन कर सकते

हैं, यह सुनिश्चित करते हुए कि सभी दृष्टिकोणों पर विचार किया जाए और कार्यों को सत्यनिष्ठा और जवाबदेही के साथ लिया जाए। इसमें निर्णय लेने की प्रक्रिया के बारे में पारदर्शिता रखना, दूसरों से इनपुट लेना, और छात्रों की भलाई और सर्वोत्तम हितों को प्राथमिकता देने वाले निर्णय लेना शामिल है। सम्मान और ज़िम्मेदारी के सिद्धांतों का पालन करके, शिक्षक इन चुनौतियों को इस तरह से नेविगेट कर सकते हैं जो नैतिक मानकों को बनाए रखता है और स्कूल समुदाय के भीतर विश्वास को बढ़ावा देता है।

"सम्मान और ज़िम्मेदारी नैतिक आचरण के दो स्तंभ हैं जो एक सकारात्मक, समावेशी, और उत्पादक शैक्षिक वातावरण बनाने के लिए आवश्यक हैं। इन मूल्यों के प्रति स्कूलों की प्रतिबद्धता, एक स्वस्थ शैक्षणिक संस्कृति और समाज में योगदान देने वाले छात्रों को विकसित करने में मदद करती है।"

৩

7

निष्पक्षता और समानता: शैक्षिक प्रथाओं में न्याय सुनिश्चित करना

निष्पक्षता और समानता ऐसे मौलिक सिद्धांत हैं जो शैक्षिक प्रथाओं में न्याय सुनिश्चित करते हैं और एक न्यायपूर्ण और समावेशी शैक्षिक वातावरण की नींव बनाते हैं। ये सिद्धांत यह मांग करते हैं कि हर छात्र, चाहे उसकी पृष्ठभूमि, क्षमताएँ, या परिस्थितियाँ कैसी भी हों, उसे सफलता और प्रगति के समान अवसर मिलें। शैक्षिक संदर्भ में, निष्पक्षता का मतलब है छात्रों के साथ निष्पक्षता से व्यवहार करना और उन्हें अपनी क्षमता तक पहुँचने के लिए आवश्यक सहायता प्रदान करना, जबकि समानता एक कदम आगे बढ़कर यह मान्यता देती है कि अलग-अलग छात्रों को समान परिणाम प्राप्त करने के लिए अलग-अलग संसाधनों और व्यवस्थाओं की आवश्यकता हो सकती है। शिक्षा में निष्पक्षता और समानता सुनिश्चित करना एक ऐसा वातावरण बनाने के लिए आवश्यक है जहाँ सभी छात्र खुद को मूल्यवान, सम्मानित, और अपनी सर्वोत्तम क्षमताओं को प्राप्त करने में सक्षम महसूस करें।

शिक्षा में निष्पक्षता का मूल अर्थ उन परिस्थितियों का निर्माण करना है जहाँ हर छात्र को सफलता का समान मौका मिले। इसमें ऐसी नीतियों और प्रथाओं को लागू करना शामिल है जो निष्पक्ष व्यवहार सुनिश्चित करें और जाति, लिंग, सामाजिक-आर्थिक स्थिति, विकलांगता, या किसी अन्य विशेषता के आधार पर

भेदभाव को रोकें। निष्पक्षता की माँग है कि शिक्षक छात्रों के काम और व्यवहार का मूल्यांकन सुसंगत और पारदर्शी मानदंडों का उपयोग करके करें, और सभी को सीखने के संसाधनों और अवसरों तक समान पहुंच प्रदान करें। जब छात्रों को लगता है कि उनके साथ निष्पक्षता से व्यवहार किया जा रहा है, तो वे अपनी शिक्षा में सकारात्मक रूप से जुड़ने, अपने शिक्षकों पर भरोसा करने, और अपने सर्वोत्तम प्रयास को देने के लिए प्रेरित होते हैं।

दूसरी ओर, समानता यह मान्यता देती है कि छात्र अपनी कक्षा में विविध आवश्यकताओं, अनुभवों, और चुनौतियों के साथ आते हैं। समानता प्राप्त करने के लिए यह आवश्यक है कि विभिन्न छात्रों द्वारा सामना किए जाने वाले विशिष्ट बाधाओं की पहचान की जाए और उन्हें इन बाधाओं को पार करने में मदद करने के लिए आवश्यक संसाधन और समर्थन प्रदान किया जाए। इसमें विभेदित शिक्षण, व्यक्तिगत शिक्षण योजनाएँ, अतिरिक्त शैक्षणिक सहायता, और विकलांग छात्रों के लिए व्यवस्था शामिल हो सकती है। छात्रों की विविध आवश्यकताओं को पूरा करने के लिए शैक्षिक प्रथाओं को अनुकूलित करके, शिक्षक यह सुनिश्चित कर सकते हैं कि हर छात्र को सफलता का अवसर मिले, चाहे उनकी शुरुआत का बिंदु कुछ भी हो।

शिक्षा में निष्पक्षता और समानता को बढ़ावा देने के मुख्य पहलुओं में से एक उपलब्धि अंतर को संबोधित करना है, जो अकादमिक प्रदर्शन में विभिन्न छात्र समूहों के बीच मौजूद निरंतर असमानताओं को संदर्भित करता है, जो अक्सर जाति, जातीयता, सामाजिक-आर्थिक स्थिति, और विकलांगता के आधार पर होते हैं। इस उपलब्धि अंतर को पाटने के लिए, शिक्षकों को लक्षित हस्तक्षेप और सहायता प्रणाली लागू करनी चाहिए जो इन असमानताओं के मूल कारणों को संबोधित करें। इसमें अतिरिक्त ट्यूटरिंग, परामर्श कार्यक्रम, उन्नत पाठ्यक्रम तक पहुंच, और अन्य संसाधनों को प्रदान करना शामिल हो सकता है जो वंचित छात्रों के लिए खेल के मैदान को समतल करते हैं। इसके अलावा, स्कूलों को एक सांस्कृतिक रूप से उत्तरदायी और समावेशी पाठ्यक्रम बनाने के लिए काम करना चाहिए जो सभी छात्रों के विविध अनुभवों और दृष्टिकोणों को प्रतिबिंबित करता हो, जिससे उन्हें सफलता प्राप्त करने के लिए प्रेरित और प्रोत्साहित किया जा सके।

निष्पक्षता और समानता का एक और महत्वपूर्ण पहलू छात्रों के प्रदर्शन का निष्पक्ष और पूर्वाग्रह रहित मूल्यांकन है। पारंपरिक मूल्यांकन विधियाँ, जैसे कि मानकीकृत परीक्षाएँ, कभी-कभी असमानताओं को बढ़ा सकती हैं क्योंकि वे छात्रों की विविध पृष्ठभूमियों और सीखने की शैलियों को ध्यान में रखने में विफल रहती हैं। निष्पक्षता को बढ़ावा देने के लिए, शिक्षकों को मूल्यांकन की विभिन्न विधियों का उपयोग करना चाहिए जो छात्रों की क्षमताओं और प्रगति की अधिक व्यापक और सटीक तस्वीर प्रदान करें। इसमें प्रगति आधारित मूल्यांकन, प्रदर्शन आधारित मूल्यांकन, और पोर्टफोलियो शामिल हो सकते हैं, जो छात्रों को अलग-अलग तरीकों से अपनी सीखने की क्षमता दिखाने और सफलता के लिए कई अवसर प्रदान करने की अनुमति देते हैं। इसके अलावा, मूल्यांकन को इस तरह से डिजाइन और प्रशासित किया जाना चाहिए कि वह सभी छात्रों के लिए सुलभ हो, जिनमें विकलांगता या भाषा बाधाओं वाले छात्र भी शामिल हों।

एक समावेशी कक्षा वातावरण बनाना भी निष्पक्षता और समानता को बढ़ावा देने के लिए महत्वपूर्ण है। एक समावेशी कक्षा छात्रों की विविधता को महत्व और सम्मान देती है और सभी के लिए अपनत्व की भावना पैदा करती है। इसमें ऐसी शिक्षण रणनीतियों का उपयोग करना शामिल है जो छात्रों की विविध सांस्कृतिक, भाषाई, और शिक्षण आवश्यकताओं के प्रति उत्तरदायी हों। शिक्षक पाठ्यक्रम में विविध दृष्टिकोणों को शामिल करके, सांस्कृतिक रूप से उत्तरदायी शिक्षण प्रथाओं का उपयोग करके, और कक्षा में ऐसी संस्कृति को बढ़ावा देकर समावेशिता को प्रोत्साहित कर सकते हैं जहाँ सभी छात्र खुद को मूल्यवान और सम्मानित महसूस करें। समावेशी प्रथाएँ एक सहायक शिक्षण वातावरण बनाने में मदद करती हैं जहाँ सभी छात्र अपनी पृष्ठभूमि या क्षमताओं की परवाह किए बिना प्रगति कर सकते हैं।

शिक्षकों के लिए व्यावसायिक विकास शिक्षा में निष्पक्षता और समानता को बढ़ावा देने के लिए आवश्यक है। शिक्षकों और स्कूल के नेताओं को ऐसी ज्ञान, कौशल और दृष्टिकोण विकसित करने के लिए निरंतर प्रशिक्षण और समर्थन की आवश्यकता होती है जो समान सीखने के वातावरण बनाने के लिए आवश्यक हैं। इस प्रशिक्षण में सांस्कृतिक क्षमता, निहित पूर्वाग्रह, विभेदित शिक्षण, और समावेशी शिक्षण प्रथाओं जैसे विषय शामिल होने चाहिए। शिक्षकों को उनके छात्रों की विविध आवश्यकताओं को पूरा करने के लिए आवश्यक उपकरण और संसाधन

प्रदान करके, स्कूल यह सुनिश्चित करने में मदद कर सकते हैं कि सभी छात्रों को निष्पक्ष और समान शिक्षा मिले।

अभिभावक और समुदाय की भागीदारी शिक्षा में निष्पक्षता और समानता को बढ़ावा देने का एक और महत्वपूर्ण कारक है। अभिभावकों और समुदाय के सदस्यों को शिक्षण प्रक्रिया में शामिल करना छात्रों के लिए एक समर्थन प्रणाली बनाने और निष्पक्षता और समानता के मूल्यों को सुदृढ़ करने में मदद करता है। स्कूल अभिभावकों को स्कूल की गतिविधियों में भाग लेने के अवसर प्रदान करके, उनके बच्चों के विकास का समर्थन करने के लिए संसाधन और कार्यशालाएँ प्रदान करके, और खुले संवाद को बढ़ावा देकर शामिल कर सकते हैं।

"निष्पक्षता और समानता ऐसे सिद्धांत हैं जो यह सुनिश्चित करते हैं कि हर छात्र को सफलता का समान अवसर मिले। यह सभी सदस्यों के सहयोग से संभव हो सकता है।"

8

नैतिक नेतृत्व: गुण और दृष्टि के साथ मार्गदर्शन

शिक्षा में नैतिक नेतृत्व एक सकारात्मक और प्रभावी सीखने के वातावरण को बढ़ावा देने के लिए मौलिक है। यह गुण और दृष्टि के साथ मार्गदर्शन करने, सत्यनिष्ठा, निष्पक्षता और नैतिक व्यवहार को प्राथमिकता देने के साथ-साथ दूसरों को भी प्रेरित और प्रोत्साहित करने में निहित है। शिक्षा में नैतिक नेता आदर्श प्रस्तुत करते हैं, जो संस्थान के भीतर व्यवहार और निर्णय लेने के लिए मानक स्थापित करते हैं। उनकी प्रभावशीलता केवल प्रशासनिक कार्यों तक सीमित नहीं रहती, बल्कि पूरे शैक्षिक समुदाय की संस्कृति, मूल्यों और सफलता को आकार देती है।

नैतिक नेतृत्व की मूल भावना सत्यनिष्ठा में निहित है। सत्यनिष्ठा का अर्थ है ईमानदारी, पारदर्शिता, और कार्यों और निर्णयों में स्थिरता। सत्यनिष्ठा वाले शैक्षिक नेता विश्वास और साख का निर्माण करते हैं, जो एक सहायक और समेकित स्कूल वातावरण बनाने के लिए आवश्यक हैं। विश्वास प्रभावी नेतृत्व की नींव है; जब छात्र, शिक्षक, और माता-पिता अपने नेताओं पर भरोसा करते हैं, तो वे स्कूल समुदाय के साथ सकारात्मक रूप से जुड़ने की अधिक संभावना रखते हैं। सत्यनिष्ठा का अर्थ यह भी है कि नैतिक मानकों को बनाए रखना, भले ही यह कठिन या असुविधाजनक हों। जो नेता लगातार सत्यनिष्ठा प्रदर्शित करते

हैं, वे दूसरों को नैतिक रूप से कार्य करने के लिए प्रेरित करते हैं, ईमानदारी और उत्तरदायित्व की संस्कृति को बढ़ावा देते हैं।

निष्पक्षता नैतिक नेतृत्व का एक अन्य आवश्यक घटक है। निष्पक्षता का अर्थ है सभी व्यक्तियों के साथ समान व्यवहार करना, समान अवसर प्रदान करना, और निर्णयों को निष्पक्षता से लेना। शैक्षिक नेताओं को यह सुनिश्चित करना चाहिए कि नीतियाँ और प्रथाएँ किसी विशेष समूह को प्राथमिकता न दें और यह कि सभी छात्रों और स्टाफ को सफल होने के लिए आवश्यक समर्थन प्राप्त हो। निष्पक्षता का मतलब निर्णय लेने की प्रक्रियाओं के बारे में पारदर्शिता बनाए रखना और प्रदर्शन के मूल्यांकन के लिए स्पष्ट और सुसंगत मानदंड प्रदान करना भी है। जब नेता निष्पक्ष होते हैं, तो वे स्कूल समुदाय के भीतर न्याय और विश्वास की भावना का निर्माण करते हैं, जो मनोबल और प्रेरणा बनाए रखने के लिए आवश्यक है।

नैतिक नेता ज़िम्मेदारी की एक मजबूत भावना भी प्रदर्शित करते हैं। वे अपने कार्यों और निर्णयों के लिए उत्तरदायी होते हैं और अपनी ज़िम्मेदारियों को गंभीरता से लेते हैं। यह ज़िम्मेदारी छात्रों की भलाई और सफलता सुनिश्चित करने, शिक्षकों और स्टाफ का समर्थन करने, और संस्थान के मूल्यों और मिशन को बनाए रखने तक फैली हुई है। नैतिक नेता समस्याओं की पहचान करने और उनका समाधान करने में सक्रिय होते हैं, चाहे वे छात्र व्यवहार, शैक्षणिक प्रदर्शन, या प्रशासनिक चुनौतियों से संबंधित हों। वे अपनी भूमिकाओं की जिम्मेदारी लेते हैं और एक सकारात्मक और उत्पादक शैक्षिक वातावरण बनाने के लिए मेहनत करते हैं। ज़िम्मेदारी का आदर्श प्रस्तुत करके, नैतिक नेता दूसरों को अपनी ज़िम्मेदारियों को गंभीरता से लेने और स्कूल की सफलता में योगदान देने के लिए प्रेरित करते हैं।

दृष्टि नैतिक नेतृत्व का एक महत्वपूर्ण पहलू है। एक स्पष्ट और प्रेरणादायक दृष्टि दिशा और उद्देश्य प्रदान करती है, स्कूल समुदाय को सामान्य लक्ष्यों की ओर मार्गदर्शित करती है। नैतिक नेता एक ऐसी दृष्टि विकसित करते हैं और संप्रेषित करते हैं जो संस्थान के मुख्य मूल्यों और आकांक्षाओं को दर्शाती है। यह दृष्टि समावेशी होनी चाहिए और छात्रों, शिक्षकों, और अन्य हितधारकों की विविध आवश्यकताओं और दृष्टिकोणों को ध्यान में रखना चाहिए। एक साझा दृष्टि को व्यक्त करके, नैतिक नेता दूसरों को प्रेरित और प्रेरित करते हैं ताकि वे संस्थान के

लक्ष्यों को प्राप्त करने के लिए काम करें। वे एकता और सहयोग की भावना को भी बढ़ावा देते हैं, क्योंकि हर कोई व्यापक मिशन में योगदान देने का प्रयास करता है।

सहानुभूति और करुणा भी नैतिक नेतृत्व के लिए अभिन्न हैं। सहानुभूतिपूर्ण नेता दूसरों के अनुभवों, चुनौतियों, और भावनाओं को समझते और सराहते हैं। यह समझ उन्हें स्कूल समुदाय के सभी सदस्यों की भलाई पर विचार करने वाले निर्णय लेने में मदद करती है। करुणाशील नेता दया और समर्थन दिखाते हैं, एक ऐसा वातावरण बनाते हैं जहाँ व्यक्ति मूल्यवान और सराहे गए महसूस करते हैं। सहानुभूति और करुणा छात्रों और स्टाफ की विविध आवश्यकताओं को संबोधित करने में विशेष रूप से महत्वपूर्ण है, क्योंकि ये सुनिश्चित करते हैं कि हर किसी को प्रगति के लिए आवश्यक समर्थन और प्रोत्साहन प्राप्त हो। सहानुभूति और करुणा का प्रदर्शन करके, नैतिक नेता मजबूत, सकारात्मक संबंधों का निर्माण करते हैं और अपनत्व और समुदाय की भावना को बढ़ावा देते हैं।

नैतिक नेतृत्व में नैतिक निर्णय लेना भी शामिल है। नेताओं को अक्सर जटिल और चुनौतीपूर्ण स्थितियों का सामना करना पड़ता है, जहाँ विरोधाभासी हित या मूल्य हो सकते हैं। नैतिक निर्णय लेने के लिए नेताओं को अपने निर्णयों के संभावित प्रभावों पर सावधानीपूर्वक विचार करने, दूसरों से इनपुट लेने, और लाभ और हानि का मूल्यांकन करने की आवश्यकता होती है। यह निर्णय लेने की प्रक्रिया के बारे में पारदर्शिता बनाए रखना और निर्णयों को समझाने और औचित्य प्रदान करने के लिए तैयार रहना भी शामिल है। नैतिक सिद्धांतों और संस्थान के मूल्यों के साथ संरेखित निर्णय लेकर, नेता अपनी सत्यनिष्ठा बनाए रखते हैं और स्कूल समुदाय के भीतर विश्वास का निर्माण करते हैं।

पेशेवर विकास और सतत सुधार नैतिक नेतृत्व के लिए आवश्यक हैं। नैतिक नेता यह मानते हैं कि उन्हें अपने स्कूल समुदाय का प्रभावी ढंग से नेतृत्व और समर्थन करने के लिए लगातार अपने कौशल और ज्ञान को विकसित करना चाहिए। वे औपचारिक शिक्षा, प्रशिक्षण कार्यक्रमों, या आत्म-निर्देशित शिक्षा के माध्यम से व्यावसायिक विकास के अवसरों की तलाश करते हैं। अपने विकास को प्राथमिकता देकर, नैतिक नेता दूसरों के लिए एक उदाहरण स्थापित करते हैं और आजीवन सीखने के प्रति प्रतिबद्धता प्रदर्शित करते हैं। वे अपने कर्मचारियों के व्यावसायिक विकास को प्रोत्साहित और समर्थन भी करते हैं, सतत सुधार और

उत्कृष्टता की संस्कृति को बढ़ावा देते हैं।

नैतिक नेतृत्व में सहयोग और टीमवर्क महत्वपूर्ण तत्व हैं। प्रभावी नेता समझते हैं कि वे अकेले अपने लक्ष्यों को प्राप्त नहीं कर सकते और उन्हें दूसरों के साथ सहयोग से काम करना चाहिए। वे शिक्षकों, स्टाफ, छात्रों, माता-पिता, और व्यापक समुदाय के साथ मजबूत, सहयोगात्मक संबंध बनाते हैं। यह सहयोग दूसरों को सक्रिय रूप से सुनने, उनके इनपुट को महत्व देने, और चुनौतियों का समाधान खोजने के लिए मिलकर काम करने में निहित है। एक सहयोगात्मक संस्कृति को बढ़ावा देकर, नैतिक नेता ऐसा वातावरण बनाते हैं जहाँ हर कोई मूल्यवान और स्कूल की सफलता में योगदान करने के लिए सशक्त महसूस करता है।

इस प्रकार, नैतिक नेतृत्व शिक्षण और प्रशासन को एक नैतिक और दृष्टिगत मार्गदर्शिका के रूप में स्थापित करता है।

9

उत्तरदायित्व की संस्कृति का निर्माण

शिक्षा में उत्तरदायित्व की संस्कृति का निर्माण यह सुनिश्चित करने के लिए आवश्यक है कि स्कूल समुदाय के सभी सदस्य—छात्र, शिक्षक, प्रशासक, और माता-पिता—अपने कार्यों के लिए ज़िम्मेदार हों और सीखने के वातावरण में सकारात्मक योगदान दें। उत्तरदायित्व का मतलब है अपने कार्यों, निर्णयों, और व्यवहारों के लिए उत्तरदायी होना, और यह संस्थान के लक्ष्यों और मूल्यों के प्रति स्वामित्व और प्रतिबद्धता की भावना को बढ़ावा देता है। उत्तरदायित्व की संस्कृति विश्वास, पारदर्शिता, और सत्यनिष्ठा को बढ़ाती है, जो किसी भी शैक्षिक संस्थान के प्रभावी संचालन के लिए अत्यंत महत्वपूर्ण हैं।

उत्तरदायित्व की संस्कृति का मुख्य आधार स्पष्ट अपेक्षाओं और मानकों की स्थापना है। इन अपेक्षाओं को स्कूल समुदाय के सभी सदस्यों के साथ लगातार और पारदर्शी तरीके से साझा किया जाना चाहिए। छात्रों के लिए, इसका मतलब है कि वे समझें कि उनसे व्यवहार, शैक्षणिक प्रदर्शन, और भागीदारी के संदर्भ में क्या अपेक्षा की जाती है। शिक्षकों और प्रशासकों के लिए, इसका अर्थ उनके व्यावसायिक कर्तव्यों, शिक्षण प्रथाओं, और छात्रों और सहयोगियों के साथ संवाद के बारे में स्पष्ट अपेक्षाएँ होना है। स्पष्ट मानकों को स्थापित करके, स्कूल ऐसी रूपरेखा बनाते हैं जिसमें हर कोई अपनी भूमिकाओं और जिम्मेदारियों को समझता है।

उत्तरदायित्व को बढ़ावा देने का एक प्रमुख घटक यह सुनिश्चित करना है कि निर्धारित अपेक्षाओं को पूरा न करने पर निष्पक्ष और सुसंगत परिणाम लागू किए जाएं। इसमें कदाचार, खराब प्रदर्शन, या नैतिक मानकों के उल्लंघन को संबोधित करने के लिए अच्छी तरह परिभाषित नीतियाँ और प्रक्रियाएँ होना शामिल है। परिणामों को पूर्वाग्रह के बिना और सुसंगत रूप से लागू किया जाना चाहिए, यह सुनिश्चित करते हुए कि सभी व्यक्तियों को समान मानकों पर रखा जाए। यह सुसंगतता स्कूल समुदाय के भीतर निष्पक्षता और विश्वास बनाए रखने के लिए आवश्यक है। जब छात्रों और स्टाफ को पता होता है कि नियम और अपेक्षाएँ समान रूप से लागू की जा रही हैं, तो वे उनका पालन करने की अधिक संभावना रखते हैं।

फीडबैक और मूल्यांकन उत्तरदायित्व को बढ़ावा देने में महत्वपूर्ण भूमिका निभाते हैं। नियमित और रचनात्मक फीडबैक व्यक्तियों को यह समझने में मदद करता है कि वे अपेक्षाओं के अनुसार कैसा प्रदर्शन कर रहे हैं और वे कहाँ सुधार कर सकते हैं। छात्रों के लिए, इसका मतलब है कि उनके शैक्षणिक कार्य और व्यवहार पर समय पर और विशिष्ट फीडबैक प्राप्त करना। शिक्षक मूल्यांकन, कक्षा अवलोकन, और व्यक्तिगत चर्चा के माध्यम से फीडबैक प्रदान कर सकते हैं। रचनात्मक फीडबैक न केवल छात्रों को सुधारने में मदद करता है बल्कि उन्हें अपनी शिक्षा और जिम्मेदारियों के प्रति उत्तरदायी होने के महत्व को भी सुदृढ़ करता है।

शिक्षकों के लिए, प्रदर्शन मूल्यांकन उत्तरदायित्व का एक महत्वपूर्ण हिस्सा है। इन मूल्यांकनों को व्यापक और कई स्रोतों पर आधारित होना चाहिए, जिनमें कक्षा अवलोकन, छात्र प्रदर्शन डेटा, और आत्म-मूल्यांकन शामिल हैं। नियमित मूल्यांकन शिक्षकों को उनके कौशल और सुधार के क्षेत्रों में अंतर्दृष्टि प्रदान करते हैं, जिससे वे अपनी शिक्षण प्रथाओं को बेहतर बना सकते हैं और अपने छात्रों का बेहतर समर्थन कर सकते हैं। मूल्यांकन प्रक्रिया को पारदर्शी और सहयोगात्मक बनाकर, स्कूल ऐसी संस्कृति को बढ़ावा दे सकते हैं जहाँ सतत सुधार और उत्तरदायित्व को महत्व दिया जाता है।

व्यावसायिक विकास उत्तरदायित्व की संस्कृति बनाने का एक और महत्वपूर्ण पहलू है। शिक्षकों के लिए निरंतर प्रशिक्षण और समर्थन प्रदान करना उन्हें सर्वोत्तम प्रथाओं के साथ अद्यतन रहने और उनकी भूमिकाओं की अपेक्षाओं को

पूरा करने की उनकी क्षमता को बढ़ाने में मदद करता है। व्यावसायिक विकास के अवसर स्कूल के लक्ष्यों और मूल्यों के साथ संरेखित होने चाहिए और स्टाफ की विशिष्ट आवश्यकताओं को संबोधित करने चाहिए। शिक्षकों के विकास और वृद्धि में निवेश करके, स्कूल उत्तरदायित्व और सतत सुधार के प्रति अपनी प्रतिबद्धता का प्रदर्शन करते हैं।

उत्तरदायित्व का मतलब व्यक्तियों को उनके कार्यों और निर्णयों का स्वामित्व लेने के लिए सशक्त बनाना भी है। यह सशक्तिकरण छात्रों और स्टाफ को निर्णय लेने की प्रक्रियाओं में आवाज़ देने और पहल करने के लिए प्रोत्साहित करके प्राप्त किया जा सकता है। छात्रों के लिए, इसमें स्कूल प्रशासन में भाग लेने, परियोजनाओं का नेतृत्व करने, या सहकर्मी परामर्श में शामिल होने के अवसर शामिल हो सकते हैं। जब छात्रों को अपनी शिक्षा में योगदान करने और ज़िम्मेदारियाँ निभाने का भरोसा दिया जाता है, तो वे अपने सीखने और व्यवहार के प्रति अधिक स्वामित्व लेते हैं।

शिक्षकों के लिए, सशक्तिकरण का अर्थ है अपने छात्रों की ज़रूरतों को पूरा करने के लिए सबसे अच्छे शिक्षण निर्णय लेने की स्वायत्तता। यह स्वायत्तता उन उत्तरदायित्व उपायों के साथ संतुलित होनी चाहिए जो यह सुनिश्चित करते हैं कि शिक्षक व्यावसायिक मानकों को पूरा कर रहे हैं और स्कूल के लक्ष्यों में योगदान दे रहे हैं। शिक्षकों को उनके व्यावसायिक निर्णयों पर भरोसा करके और उन्हें आवश्यक समर्थन प्रदान करके, स्कूल ज़िम्मेदारी और उच्च मानकों के प्रति प्रतिबद्धता की भावना को बढ़ावा दे सकते हैं।

पारदर्शिता उत्तरदायित्व की संस्कृति बनाने के लिए आवश्यक है। अपेक्षाओं, नीतियों, और प्रदर्शन के बारे में खुला संवाद विश्वास का निर्माण करने और यह सुनिश्चित करने में मदद करता है कि हर कोई समझता है कि उन्हें किन मानदंडों से आँका जा रहा है। स्कूलों को नियमित रूप से छात्रों, माता-पिता, और स्टाफ के साथ लक्ष्यों, प्रगति, और सुधार के क्षेत्रों के बारे में संवाद करना चाहिए। यह संवाद न्यूज़लेटर, बैठकों, रिपोर्टों, और अनौपचारिक बातचीत के रूप में हो सकता है। हर किसी को सूचित और शामिल रखकर, स्कूल साझा ज़िम्मेदारी और सफलता के प्रति प्रतिबद्धता की भावना पैदा कर सकते हैं।

उत्तरदायित्व का एक और महत्वपूर्ण पहलू नेतृत्व की भूमिका है। स्कूल के नेता पूरे संस्थान के लिए स्वर निर्धारित करते हैं, उत्तरदायी व्यवहार का आदर्श प्रस्तुत करते हैं, और खुद को उसी मानकों पर रखते हैं जो दूसरों पर लागू होते हैं। नेताओं को पारदर्शिता, सत्यनिष्ठा, और सतत सुधार के प्रति प्रतिबद्धता का प्रदर्शन करना चाहिए। अपनी कार्यवाहियों और निर्णयों में उत्तरदायी होकर, नेता दूसरों को भी ऐसा करने के लिए प्रेरित करते हैं।

"उत्तरदायित्व की संस्कृति बनाना एक सतत प्रक्रिया है, जिसमें लगातार सुधार और प्रतिबद्धता की आवश्यकता होती है। यह संस्कृति स्कूल के सभी सदस्यों के योगदान से और मजबूत होती है।"

10

संघर्ष समाधानः स्कूलों में नैतिक दुविधाओं का समाधान

संघर्ष समाधान और स्कूलों में नैतिक दुविधाओं को संभालना एक सामंजस्यपूर्ण और प्रभावी शैक्षिक वातावरण बनाए रखने के लिए महत्वपूर्ण घटक हैं। स्कूल विविध समुदाय होते हैं जहाँ विभिन्न पृष्ठभूमियों, संस्कृतियों और दृष्टिकोणों के लोग एक साथ आते हैं, जिससे संघर्ष अपरिहार्य हो जाते हैं। प्रभावी संघर्ष समाधान का अर्थ है विवादों को निष्पक्ष, सम्मानजनक, और रचनात्मक तरीके से संबोधित करना, जिससे सभी पक्ष सुने और मूल्यवान महसूस करें। वहीं, नैतिक दुविधाएँ जटिल मुद्दों से जुड़ी होती हैं, जिनमें सही और गलत का स्पष्ट निर्धारण नहीं होता। इन दुविधाओं को संभालने के लिए एक मजबूत नैतिक आधार, आलोचनात्मक सोच, और शैक्षिक संस्थान के मुख्य मूल्यों के प्रति प्रतिबद्धता आवश्यक है।

स्कूलों में संघर्ष विभिन्न स्रोतों से उत्पन्न हो सकते हैं, जैसे कि गलतफहमियाँ, संसाधनों के लिए प्रतिस्पर्धा, भिन्न मूल्य और विश्वास, और व्यक्तिगत समस्याएँ। यदि इन संघर्षों को अनसुलझा छोड़ दिया जाए, तो वे बढ़ सकते हैं और स्कूल के माहौल, छात्रों के प्रदर्शन, और समग्र कल्याण पर नकारात्मक प्रभाव डाल सकते हैं। इसलिए, यह आवश्यक है कि शिक्षक, प्रशासक, और छात्रों के पास संघर्षों को प्रभावी ढंग से संबोधित और हल करने के लिए आवश्यक कौशल और

रणनीतियाँ हों। यह एक खुले संवाद और आपसी सम्मान की संस्कृति को बढ़ावा देने से शुरू होता है, जहाँ व्यक्ति बिना किसी प्रतिशोध या निर्णय के अपने चिंताओं और दृष्टिकोणों को व्यक्त करने में सहज महसूस करते हैं।

सक्रिय सुनना संघर्ष समाधान का एक मौलिक कौशल है। इसमें वक्ता पर पूरी तरह ध्यान केंद्रित करना, उनके संदेश को समझना, और सोच-समझकर प्रतिक्रिया देना शामिल है। सक्रिय सुनना तनाव को कम करने में मदद करता है, यह दिखाते हुए कि सभी पक्षों के दृष्टिकोण को महत्व दिया जा रहा है। जब व्यक्ति सुने हुए महसूस करते हैं, तो वे रचनात्मक संवाद में भाग लेने और समाधान की दिशा में काम करने की अधिक संभावना रखते हैं। शिक्षक और प्रशासक सक्रिय सुनने का उदाहरण प्रस्तुत करें और छात्रों को अपने सहपाठियों के साथ बातचीत में इसे अभ्यास करने के लिए प्रोत्साहित करें।

मध्यस्थता (मेडिएशन) स्कूलों में उपयोग की जा सकने वाली एक और प्रभावी संघर्ष समाधान रणनीति है। मध्यस्थता में एक तटस्थ तीसरा पक्ष शामिल होता है, जो संघर्षरत पक्षों के बीच चर्चा को सुगम बनाता है ताकि वे एक पारस्परिक रूप से सहमत समाधान तक पहुँच सकें। यह प्रक्रिया खुले संवाद, समस्या-समाधान, और समझौते को प्रोत्साहित करती है। स्कूल काउंसलर, प्रशिक्षित शिक्षक, या बाहरी मध्यस्थ इस भूमिका को निभा सकते हैं, यह सुनिश्चित करते हुए कि मध्यस्थता प्रक्रिया निष्पक्ष और निष्कलंक हो। मध्यस्थता न केवल तत्काल संघर्ष को हल करती है बल्कि छात्रों को बातचीत और सहयोग में मूल्यवान कौशल सिखाती है, जिनका उपयोग वे भविष्य के विवादों में कर सकते हैं।

पुनर्स्थापनात्मक प्रथाएँ (रेस्टोरेटिव प्रैक्टिसेज) स्कूलों में संघर्षों को संबोधित करने और संबंधों को सुधारने के लिए तेजी से उपयोग की जा रही हैं। ये प्रथाएँ उत्तरदायित्व, संशोधन, और विश्वास पुननिर्माण पर केंद्रित होती हैं। उदाहरण के लिए, पुनस्थापनात्मक मंडल (सर्कल) उन लोगों को एक साथ लाते हैं जो संघर्ष में शामिल हैं, ताकि वे अपने कार्यों के प्रभाव पर चर्चा कर सकें, अपनी भावनाओं को व्यक्त कर सकें, और चीजों को सही करने के लिए एक योजना तैयार कर सकें। यह दृष्टिकोण सहानुभूति और समझ पर जोर देता है, छात्रों को अपनी गलतियों से सीखने और दूसरों के प्रति गहरी जिम्मेदारी विकसित करने में मदद करता है।

नैतिक दुविधाओं के मामले में, स्कूलों को ऐसी चुनौतियों का सामना करना पड़ता है, जिनके लिए सावधानीपूर्वक विचार और संतुलित निर्णय लेने की आवश्यकता होती है। नैतिक दुविधाएँ अक्सर ऐसी स्थितियाँ होती हैं, जहाँ प्रतिस्पर्धी मूल्य या हित होते हैं, और सही कार्रवाई तुरंत स्पष्ट नहीं होती। इन दुविधाओं को संभालने के लिए एक मजबूत नैतिक ढाँचा और निष्पक्षता, सत्यनिष्ठा, और सम्मान के सिद्धांतों के प्रति प्रतिबद्धता की आवश्यकता होती है।

एक सामान्य नैतिक दुविधा स्कूलों में निष्पक्षता और समानता से संबंधित होती है। उदाहरण के लिए, शिक्षकों को यह निर्णय लेना पड़ सकता है कि सीमित संसाधनों जैसे कि वित्त, समय, या समर्थन सेवाओं को सभी छात्रों के लिए निष्पक्ष तरीके से कैसे आवंटित किया जाए। ये निर्णय विशेष रूप से चुनौतीपूर्ण हो सकते हैं, जब छात्रों की विविध आवश्यकताओं और पृष्ठभूमियों को ध्यान में रखा जाए। ऐसी दुविधाओं को संभालने के लिए, स्कूलों को निर्णय लेने के लिए स्पष्ट मानदंड और प्रक्रियाएँ स्थापित करनी चाहिए, जो पारदर्शी और समावेशी हों। निर्णय लेने की प्रक्रिया में छात्रों, माता-पिता, और शिक्षकों सहित हितधारकों को शामिल करना यह सुनिश्चित करने में मदद कर सकता है कि विभिन्न दृष्टिकोणों पर विचार किया जाए और अंतिम निर्णय निष्पक्ष और न्यायसंगत हो।

एक और नैतिक दुविधा जो स्कूलों में अक्सर देखी जाती है, वह छात्र अनुशासन से संबंधित होती है। व्यवस्था और सुरक्षा बनाए रखने की आवश्यकता को निष्पक्षता और करुणा के सिद्धांतों के साथ संतुलित करना कठिन हो सकता है। उदाहरण के लिए, ज़ीरो-टॉलरेंस नीतियाँ कभी-कभी मामूली उल्लंघनों के लिए अनुपातहीन परिणामों की ओर ले जा सकती हैं, जो छात्रों की शैक्षणिक और भावनात्मक भलाई को नुकसान पहुँचा सकती हैं। इसे संबोधित करने के लिए, स्कूलों को अनुशासनात्मक प्रथाओं को दंडात्मक के बजाय पुनर्स्थापनात्मक अपनाना चाहिए, व्यवहार के मूल कारणों को समझने, सकारात्मक व्यवहार को बढ़ावा देने, और छात्रों को भविष्य में बेहतर विकल्प बनाने में मदद करने पर ध्यान केंद्रित करना चाहिए।

गोपनीयता और गोपनीयता के मुद्दे भी स्कूलों में नैतिक दुविधाएँ प्रस्तुत करते हैं। शिक्षकों और प्रशासकों को छात्रों की गोपनीयता की रक्षा करने और उनकी सुरक्षा और भलाई सुनिश्चित करने की आवश्यकता के बीच संतुलन बनाना

चाहिए। उदाहरण के लिए, जब कोई छात्र दुर्व्यवहार या मानसिक स्वास्थ्य समस्याओं के बारे में संवेदनशील जानकारी साझा करता है, तो स्कूल स्टाफ को इस जानकारी को संभालने का निर्णय करना चाहिए, जिससे छात्र की गोपनीयता का सम्मान हो और साथ ही उनकी कानूनी और नैतिक ज़िम्मेदारियाँ पूरी हों।

प्रौद्योगिकी का उपयोग भी स्कूलों में नैतिक दुविधाओं को प्रस्तुत करता है, जैसे कि डिजिटल नागरिकता, ऑनलाइन व्यवहार, और डेटा गोपनीयता। शिक्षकों को छात्रों को ज़िम्मेदार ऑनलाइन व्यवहार, व्यक्तिगत जानकारी की सुरक्षा के महत्व, और ऑनलाइन अनैतिक कार्यों के परिणामों के बारे में शिक्षित करना चाहिए। इसके अलावा, स्कूलों को छात्रों की व्यक्तिगत जानकारी की रक्षा करने और प्रौद्योगिकी के नैतिक और ज़िम्मेदार उपयोग को सुनिश्चित करने के लिए मजबूत डेटा गोपनीयता नीतियाँ लागू करनी चाहिए।

नैतिक दुविधाओं को नेविगेट करना सतत चिंतन और व्यावसायिक विकास के प्रति प्रतिबद्धता की माँग करता है। शिक्षकों और प्रशासकों को नैतिक मुद्दों पर नियमित चर्चाओं और प्रशिक्षण में भाग लेना चाहिए, सर्वोत्तम प्रथाओं और उभरती चुनौतियों के बारे में सूचित रहना चाहिए। नैतिक निर्णय लेना एक कौशल है जिसे अभ्यास और आलोचनात्मक सोच के माध्यम से विकसित किया जा सकता है।

नेतृत्व स्कूलों में नैतिक व्यवहार और संघर्ष समाधान को बढ़ावा देने में महत्वपूर्ण भूमिका निभाता है। स्कूल के नेता नैतिक व्यवहार का आदर्श प्रस्तुत करके, निर्णय पारदर्शी रूप से लेकर, और खुद को और दूसरों को ज़िम्मेदार ठहराकर पूरे संस्थान के लिए स्वर निर्धारित करते हैं।

"संघर्ष समाधान और नैतिक दुविधाओं का समाधान शैक्षिक वातावरण को सामंजस्यपूर्ण और समावेशी बनाने में मदद करता है। शिक्षकों, छात्रों, और प्रशासकों को इन मुद्दों पर काम करने के लिए प्रतिबद्ध होना चाहिए।"

11

नैतिक उत्कृष्टता का छात्र उपलब्धि पर प्रभाव

नैतिक उत्कृष्टता का छात्र उपलब्धि पर प्रभाव गहरा और बहुआयामी है, जो न केवल शैक्षणिक प्रदर्शन को प्रभावित करता है बल्कि व्यक्तिगत विकास, सामाजिक कौशल और समग्र कल्याण को भी प्रेरित करता है। शिक्षा में नैतिक उत्कृष्टता का अर्थ है ऐसा वातावरण बनाना जहाँ सत्यनिष्ठा, निष्पक्षता, सम्मान, जिम्मेदारी, और सहानुभूति जैसे मूल्यों को प्राथमिकता दी जाए और शिक्षक एवं प्रशासक इन मूल्यों का आदर्श प्रस्तुत करें। यह नैतिक आधार एक सकारात्मक और सहायक सीखने के माहौल के लिए आधार तैयार करता है, जो छात्रों की सहभागिता, प्रेरणा, और सफलता को बढ़ावा देता है।

जब स्कूल नैतिक उत्कृष्टता को प्राथमिकता देते हैं, तो वे विश्वास और सम्मान की संस्कृति विकसित करते हैं। विश्वास किसी भी प्रभावी शैक्षिक वातावरण के लिए मौलिक है, क्योंकि यह छात्रों और शिक्षकों के बीच सकारात्मक संबंधों की नींव बनाता है। जब छात्र अपने शिक्षकों पर भरोसा करते हैं, तो वे सीखने की प्रक्रिया में अधिक सक्रिय रूप से शामिल होते हैं, कक्षा चर्चाओं में भाग लेते हैं, और आवश्यकता होने पर सहायता मांगते हैं।

यह विश्वास छात्रों को शैक्षणिक जोखिम लेने के लिए भी प्रेरित करता है, जैसे कि चुनौतीपूर्ण कार्यों का प्रयास करना और बिना किसी उपहास या दंड के भय के अपने विचार व्यक्त करना। इसके परिणामस्वरूप गहन शिक्षा और उच्च शैक्षणिक

उपलब्धि होती है।

सम्मान नैतिक उत्कृष्टता का एक और महत्वपूर्ण घटक है, जिसका छात्र उपलब्धि पर गहरा प्रभाव पड़ता है। एक सम्मानजनक कक्षा के वातावरण में, छात्र अपने अद्वितीय दृष्टिकोण और योगदानों के लिए मूल्यवान और मान्यता प्राप्त महसूस करते हैं। यह सम्मान आत्म-छवि और आत्म-मूल्य को प्रोत्साहित करता है, जो शैक्षणिक प्रेरणा और दृढ़ता के लिए आवश्यक हैं।

जब छात्र सम्मानित महसूस करते हैं, तो वे दूसरों का भी सम्मान करते हैं, जिससे सहयोगात्मक और सहायक कक्षा संस्कृति बनती है। यह परस्पर सम्मान सीखने के अनुभव को समृद्ध करता है, क्योंकि छात्र एक-दूसरे के साथ सहयोग करने, विचार साझा करने, और एक-दूसरे की शैक्षणिक प्रगति में योगदान करने के लिए अधिक तैयार रहते हैं।

निष्पक्षता और समानता नैतिक उत्कृष्टता के केंद्रीय तत्व हैं और छात्र उपलब्धि को बढ़ावा देने में महत्वपूर्ण भूमिका निभाते हैं। शिक्षा में निष्पक्षता का अर्थ है सभी छात्रों को उनकी पृष्ठभूमि, क्षमताओं, या परिस्थितियों की परवाह किए बिना सफल होने के लिए समान अवसर प्रदान करना।

जब स्कूल निष्पक्ष नीतियों और प्रथाओं को लागू करते हैं, तो वे यह सुनिश्चित करते हैं कि हर छात्र को अपनी पूर्ण क्षमता तक पहुँचने के लिए आवश्यक संसाधन और समर्थन मिले। इसमें विभेदित शिक्षण, व्यक्तिगत शिक्षण योजनाएँ, और अतिरिक्त शैक्षणिक समर्थन शामिल हो सकते हैं। छात्रों की विविध आवश्यकताओं को संबोधित करके, स्कूल उपलब्धि के अंतर को पाटने और यह सुनिश्चित करने में मदद कर सकते हैं कि सभी छात्रों को सफल होने का अवसर मिले।

शिक्षा में समानता का अर्थ है एक समावेशी वातावरण बनाना, जहाँ सभी छात्रों को अपनत्व की भावना हो। यह समावेशिता छात्र सहभागिता और उपलब्धि के लिए आवश्यक है, क्योंकि यह सुनिश्चित करती है कि छात्र स्वीकृत और मूल्यवान महसूस करें।

एक समावेशी वातावरण सकारात्मक सामाजिक संपर्कों को बढ़ावा देता है, बदमाशी और भेदभाव की घटनाओं को कम करता है, और समुदाय और समर्थन की भावना को प्रोत्साहित करता है। जब छात्र शामिल और स्वीकार किए जाते हैं, तो वे अपनी शिक्षा में सक्रिय रूप से भाग लेने, अपने काम पर गर्व करने, और शैक्षणिक उत्कृष्टता प्राप्त करने का प्रयास करने की अधिक संभावना रखते हैं।

जिम्मेदारी नैतिक उत्कृष्टता का एक और प्रमुख पहलू है, जो छात्र उपलब्धि को प्रभावित करता है। जब छात्रों को उनके कार्यों और सीखने की जिम्मेदारी लेने के लिए सिखाया जाता है, तो वे आत्म-विनियमन, समय प्रबंधन, और लक्ष्य-निर्धारण जैसे महत्वपूर्ण कौशल विकसित करते हैं। ये कौशल शैक्षणिक सफलता के लिए महत्वपूर्ण हैं, क्योंकि वे छात्रों को केंद्रित रहने, अपने कार्यभार को प्रभावी ढंग से प्रबंधित करने, और चुनौतियों का सामना करने में सक्षम बनाते हैं।

सहानुभूति और करुणा भी नैतिक उत्कृष्टता का अभिन्न अंग हैं और छात्र उपलब्धि पर महत्वपूर्ण प्रभाव डालते हैं। जब शिक्षक सहानुभूति और करुणा का आदर्श प्रस्तुत करते हैं, तो वे एक सहायक और देखभाल करने वाले कक्षा के वातावरण का निर्माण करते हैं, जहाँ छात्र समझे और मूल्यवान महसूस करते हैं। यह भावनात्मक समर्थन छात्रों के कल्याण और शैक्षणिक सफलता के लिए महत्वपूर्ण है, क्योंकि यह उन्हें तनाव से निपटने, लचीलापन विकसित करने, और प्रेरित रहने में मदद करता है।

इसके अतिरिक्त, छात्रों को दूसरों के प्रति सहानुभूति रखने के लिए सिखाना सकारात्मक सामाजिक संपर्कों को बढ़ावा देता है और संघर्ष को कम करता है, जिससे एक अधिक सामंजस्यपूर्ण और उत्पादक सीखने का वातावरण बनता है।

नैतिक उत्कृष्टता का प्रभाव यह भी है कि यह छात्रों में आलोचनात्मक सोच और नैतिक निर्णय लेने के कौशल का विकास करती है। जब स्कूल नैतिक व्यवहार और नैतिक तर्क पर जोर देते हैं, तो वे छात्रों को उनके कार्यों और उनके विकल्पों के परिणामों के बारे में गंभीरता से सोचने के लिए प्रोत्साहित करते हैं।

इसके अलावा, नैतिक उत्कृष्टता सकारात्मक स्कूल संस्कृति में योगदान करती है जो छात्र उपलब्धि का समर्थन करती है। एक स्कूल संस्कृति जो नैतिक मूल्यों

को प्राथमिकता देती है, एक सुरक्षित और सहायक वातावरण बनाती है, जहाँ छात्र प्रगति कर सकते हैं। जब छात्र एक सकारात्मक और सहायक स्कूल समुदाय का हिस्सा महसूस करते हैं, तो वे अपनी शिक्षा में अधिक सक्रिय रूप से शामिल होते हैं।

शिक्षक नैतिक उत्कृष्टता को बढ़ावा देने और छात्र उपलब्धि पर इसके प्रभाव को बढ़ाने में महत्वपूर्ण भूमिका निभाते हैं। जो शिक्षक नैतिक व्यवहार का आदर्श प्रस्तुत करते हैं, एक सहायक और देखभाल करने वाला वातावरण प्रदान करते हैं, और अपने छात्रों के लिए उच्च अपेक्षाएँ निर्धारित करते हैं, वे छात्र उपलब्धि को बढ़ावा देने में महत्वपूर्ण भूमिका निभाते हैं।

माता-पिता और समुदाय की भागीदारी नैतिक उत्कृष्टता को बढ़ावा देने और छात्र उपलब्धि का समर्थन करने के लिए भी महत्वपूर्ण है। जब माता-पिता और समुदाय के सदस्य शैक्षिक प्रक्रिया में शामिल होते हैं, तो वे स्कूल द्वारा प्रोत्साहित किए गए मूल्यों और व्यवहारों को सुदृढ़ करते हैं।

"नैतिक उत्कृष्टता का छात्र उपलब्धि पर प्रभाव व्यापक और महत्वपूर्ण है। यह केवल छात्रों को अकादमिक रूप से मजबूत नहीं बनाती, बल्कि उन्हें जीवन में नैतिक रूप से उत्कृष्ट बनाने के लिए तैयार करती है।"

12

पाठ्यक्रम डिज़ाइन के माध्यम से नैतिक व्यवहार को प्रोत्साहित करना

पाठ्यक्रम डिज़ाइन के माध्यम से नैतिक व्यवहार को प्रोत्साहित करना एक ऐसी रणनीति है जो केवल शैक्षणिक दृष्टि से सक्षम नहीं, बल्कि नैतिक और सामाजिक रूप से ज़िम्मेदार छात्रों की पीढ़ी को बढ़ावा देने के लिए आवश्यक है। नैतिक विचारों को समाहित करने वाला पाठ्यक्रम डिज़ाइन छात्रों को एक मजबूत नैतिक दिशा, आलोचनात्मक सोच कौशल, और जटिल सामाजिक और नैतिक मुद्दों को नेविगेट करने की क्षमता विकसित करने में मदद करता है। इस प्रकार की शिक्षा नैतिक सिद्धांतों और चर्चाओं को विभिन्न विषयों में एकीकृत करने, नैतिक दुविधाओं से निपटने के अवसर प्रदान करने, और नैतिक तर्क और व्यवहार के विकास का समर्थन करने वाले ढांचे की पेशकश करने में शामिल है।

पाठ्यक्रम डिज़ाइन के माध्यम से नैतिक व्यवहार को प्रोत्साहित करने के मौलिक पहलुओं में से एक है नैतिक सिद्धांतों और मूल्यों को सभी विषयों में जानबूझकर शामिल करना। नैतिकता को एक स्वतंत्र विषय के रूप में मानने के बजाय, इसे पूरे पाठ्यक्रम के ताने-बाने में बुना जाना चाहिए। यह एकीकरण सुनिश्चित करता है कि छात्र विभिन्न संदर्भों में नैतिक विचारों का सामना करें और विभिन्न

अध्ययन क्षेत्रों के लिए उनकी प्रासंगिकता को समझें। उदाहरण के लिए, विज्ञान कक्षाओं में, वैज्ञानिक अनुसंधान, पर्यावरण संरक्षण, और प्रौद्योगिकीगत प्रगति के नैतिक प्रभावों पर चर्चा करना छात्रों को वैज्ञानिक ज्ञान के साथ आने वाली नैतिक जिम्मेदारियों की सराहना करने में मदद कर सकता है। साहित्य कक्षाओं में, उपन्यासों और नाटकों में पात्रों के निर्णयों और नैतिक संघर्षों का विश्लेषण नैतिक विषयों और मानव व्यवहार की खोज के लिए एक समृद्ध आधार प्रदान करता है।

आलोचनात्मक सोच पाठ्यक्रम डिज़ाइन का एक और महत्वपूर्ण घटक है, जो नैतिक व्यवहार को प्रोत्साहित करता है। छात्रों की आलोचनात्मक सोच कौशल विकसित करना उन्हें जटिल नैतिक मुद्दों का विश्लेषण और मूल्यांकन विचारशील और स्वतंत्र रूप से करने में सक्षम बनाता है। चर्चाओं, बहसों, और केस स्टडी में छात्रों को शामिल करके, शिक्षक उन्हें कई दृष्टिकोणों पर विचार करना, साक्ष्य तौलना, और उचित नैतिक निर्णय लेना सिखा सकते हैं। उदाहरण के लिए, इतिहास कक्षाओं में ऐतिहासिक व्यक्तियों द्वारा सामना की गई नैतिक दुविधाओं की खोज की जा सकती है, जिससे छात्र उनके कार्यों के संदर्भ, प्रेरणाओं, और परिणामों का आकलन कर सकें। ऐसी गतिविधियाँ न केवल ऐतिहासिक घटनाओं की समझ को बढ़ाती हैं, बल्कि मानव व्यवहार के नैतिक आयामों पर भी विचार करने के लिए प्रोत्साहित करती हैं।

अनुभवात्मक शिक्षण के अवसरों के माध्यम से नैतिक व्यवहार को भी प्रोत्साहित किया जा सकता है। सेवा-शिक्षण परियोजनाएँ, इंटर्नशिप, और सामुदायिक सहभागिता गतिविधियाँ छात्रों को व्यावहारिक अनुभव प्रदान करती हैं जो अकादमिक शिक्षा को वास्तविक दुनिया के नैतिक मुद्दों से जोड़ती हैं। ये अनुभव छात्रों को उनके कार्यों के प्रभाव को समझने और सामाजिक जिम्मेदारी की भावना विकसित करने में मदद करते हैं। उदाहरण के लिए, एक स्थानीय चैरिटी के साथ काम करने वाली सेवा-शिक्षण परियोजना छात्रों को सहानुभूति, करुणा, और नागरिक जुड़ाव के महत्व के बारे में सिखा सकती है। अपने अनुभवों पर चिंतन करके, छात्र अपने मूल्यों और नैतिक विश्वासों की गहरी समझ प्राप्त कर सकते हैं, जो उनके भविष्य के व्यवहार को मार्गदर्शन दे सकता है।

भूमिकाओं का अभिनय (रोल-प्ले) और सिमुलेशन पाठ्यक्रम में नैतिक व्यवहार

सिखाने के प्रभावी तरीके हैं। ये इंटरैक्टिव गतिविधियाँ छात्रों को विभिन्न भूमिकाओं में कदम रखने और एक नियंत्रित वातावरण में नैतिक दुविधाओं को नेविगेट करने की अनुमति देती हैं। भूमिकाओं का अभिनय छात्रों को नैतिक निर्णय लेने का अभ्यास करने, विभिन्न कार्यों के परिणामों पर विचार करने, और विभिन्न दृष्टिकोणों से मुद्दों को देखने के लिए सहानुभूति विकसित करने में मदद करता है।

चिंतन पाठ्यक्रम डिज़ाइन का एक महत्वपूर्ण घटक है, जो नैतिक व्यवहार को प्रोत्साहित करता है। चिंतनशील अभ्यास, जैसे कि जर्नलिंग, समूह चर्चा, और व्यक्तिगत निबंध, छात्रों को उनके मूल्यों, अनुभवों, और नैतिक विश्वासों पर विचार करने के अवसर प्रदान करते हैं। चिंतन छात्रों को नैतिक सिद्धांतों को आत्मसात करने और उनकी नैतिक जिम्मेदारियों की गहरी समझ विकसित करने में मदद करता है।

सहयोग और सहपाठी शिक्षण भी नैतिक व्यवहार को प्रोत्साहित करने वाले पाठ्यक्रम का एक महत्वपूर्ण पहलू है। समूहों में काम करना छात्रों को नैतिक मुद्दों पर चर्चा करने, विविध दृष्टिकोण साझा करने, और संवाद, बातचीत, और संघर्ष समाधान जैसे अंतर-व्यक्तिगत कौशल विकसित करने की अनुमति देता है।

शिक्षक नैतिक व्यवहार को मॉडल करने और छात्रों के नैतिक विकास में मार्गदर्शन करने में महत्वपूर्ण भूमिका निभाते हैं। शिक्षक सत्यनिष्ठा, निष्पक्षता, और सम्मान का प्रदर्शन अपने छात्रों और सहयोगियों के साथ बातचीत में करें।

पाठ्यक्रम डिज़ाइन के माध्यम से नैतिक व्यवहार को प्रोत्साहित करना नैतिक और सामाजिक रूप से ज़िम्मेदार छात्रों की एक पीढ़ी को बढ़ावा देने का एक आवश्यक तरीका है। स्कूलों को यह सुनिश्चित करना चाहिए कि छात्र नैतिक मुद्दों को समझें और उनका सामना करें।

13

शिक्षा में आदर्श व्यक्ति: अनुकरणीय शिक्षकों का सम्मान

शिक्षा में आदर्श व्यक्ति छात्रों के दृष्टिकोण, व्यवहार, और आकांक्षाओं को आकार देने में महत्वपूर्ण भूमिका निभाते हैं। अनुकरणीय शिक्षकों का सम्मान करना उन समर्पित और उत्साही शिक्षकों के गहरे प्रभाव को रेखांकित करता है, जो अपने छात्रों के जीवन को प्रेरित करते हैं। ये शिक्षक सत्यनिष्ठा, दृढ़ता, और आजीवन सीखने की प्रतिबद्धता के मूल्यों को प्रदर्शित करते हुए प्रेरणा के प्रकाशस्तंभ बनते हैं। उनका प्रभाव कक्षा से परे फैलता है और छात्रों के शैक्षिक जीवन तथा उनके वयस्क जीवन तक मार्गदर्शन करता है।

अनुकरणीय शिक्षक उन अद्वितीय गुणों का प्रदर्शन करते हैं जो उन्हें आदर्श व्यक्तियों के रूप में विशिष्ट बनाते हैं। वे अपने विषय के प्रति गहरी रुचि और शिक्षण के लिए सच्चे उत्साह का प्रदर्शन करते हैं। उनका यह जुनून संक्रामक होता है, जो छात्रों को सामग्री के प्रति रुचि लेने और सीखने के प्रति प्रेम विकसित करने के लिए प्रेरित करता है। जब शिक्षक अपने विषयों के प्रति उत्साही होते हैं, तो छात्र अधिक जिज्ञासु बनते हैं, प्रश्न पूछते हैं, और विषयों को गहराई से समझने का प्रयास करते हैं। यह उत्साह एक गतिशील और प्रेरणादायक शिक्षण वातावरण बनाता है, जहाँ छात्र अपनी सर्वोत्तम उपलब्धियों के लिए प्रेरित होते हैं।

इसके अलावा, अनुकरणीय शिक्षक उच्च स्तर की व्यावसायिकता और सत्यनिष्ठा प्रदर्शित करते हैं। वे अपने शिक्षण प्रथाओं में नैतिक मानकों को बनाए रखने, और सभी छात्रों के साथ निष्पक्षता और सम्मान के साथ व्यवहार करने के लिए प्रतिबद्ध होते हैं। ये शिक्षक नैतिक व्यवहार के महत्व को समझते हैं और जानते हैं कि उनके कार्य उनके छात्रों के लिए एक शक्तिशाली उदाहरण स्थापित करते हैं। ईमानदारी, उत्तरदायित्व, और सम्मान का प्रदर्शन करके, वे विश्वास और परस्पर सम्मान पर आधारित एक कक्षा संस्कृति का निर्माण करते हैं। यह नैतिक आधार एक सकारात्मक और समावेशी सीखने के माहौल को प्रोत्साहित करता है, जहाँ सभी छात्र मूल्यवान और समर्थित महसूस करते हैं।

अनुकरणीय शिक्षकों की एक और परिभाषित विशेषता करुणा और सहानुभूति है। ये शिक्षक उन विविध आवश्यकताओं और चुनौतियों को पहचानते हैं जिनका सामना छात्र करते हैं और समझदारी और समर्थन के साथ प्रतिक्रिया देते हैं। वे अपने छात्रों की बात सुनने, उन्हें प्रोत्साहन और सहायता प्रदान करने के लिए समय निकालते हैं। यह करुणामय दृष्टिकोण शिक्षकों और छात्रों के बीच मजबूत संबंध बनाने में मदद करता है, एक समुदाय और अपनत्व की भावना पैदा करता है। जब छात्रों को लगता है कि उनके शिक्षक उनकी भलाई की परवाह करते हैं, तो वे अपनी पढ़ाई में अधिक जुड़ाव और प्रेरणा महसूस करते हैं।

अनुकरणीय शिक्षक नवोन्मेषी और अनुकूलनीय भी होते हैं। वे अपने शिक्षण को बेहतर बनाने और अपने छात्रों की विविध आवश्यकताओं को पूरा करने के लिए लगातार नई शिक्षण विधियों और रणनीतियों की खोज करते हैं। ये शिक्षक नई तकनीकों को आज़माने, रचनात्मक गतिविधियों को शामिल करने, या छात्रों को अधिक प्रभावी ढंग से शामिल करने के लिए अपने शिक्षण दृष्टिकोण को संशोधित करने से नहीं हिचकिचाते।

आजीवन सीखने के प्रति उनकी प्रतिबद्धता अनुकरणीय शिक्षकों को आदर्श व्यक्तियों के रूप में स्थापित करने के सबसे महत्वपूर्ण तरीकों में से एक है। ये शिक्षक अपने स्वयं के व्यावसायिक विकास और वृद्धि के प्रति समर्पित होते हैं, और ज्ञान और कौशल को विस्तार देने के अवसरों की खोज में निरंतर रहते हैं। कार्यशालाओं में भाग लेकर, उच्च डिग्रियाँ प्राप्त करके, पेशेवर सीखने वाले समुदायों में भाग लेकर, और शिक्षा में नवीनतम शोधों के बारे में जानकारी रखते

हुए, वे अपने शिक्षण को बेहतर बनाते हैं।

इन शिक्षकों का प्रभाव अकादमिक उपलब्धियों तक सीमित नहीं होता। ये व्यक्तिगत और सामाजिक विकास में भी महत्वपूर्ण भूमिका निभाते हैं। सकारात्मक व्यवहारों और दृष्टिकोणों का आदर्श प्रस्तुत करके, वे छात्रों को दृढ़ता, धैर्य, और प्रभावी संवाद जैसे महत्वपूर्ण जीवन कौशल विकसित करने में मदद करते हैं। अनुकरणीय शिक्षक छात्रों को उच्च मानक स्थापित करने, कड़ी मेहनत करने, और जीवन के सभी क्षेत्रों में उत्कृष्टता प्राप्त करने के लिए प्रोत्साहित करते हैं।

अनुकरणीय शिक्षकों का सम्मान करना उनके योगदान को मान्यता देने और दूसरों को उनके नक्शेकदम पर चलने के लिए प्रेरित करने के लिए आवश्यक है। इन शिक्षकों की उपलब्धियों और प्रभाव को उजागर करके, स्कूल और समुदाय शिक्षा में उत्कृष्टता की संस्कृति को बढ़ावा दे सकते हैं।

मेंटरशिप भी अनुकरणीय शिक्षकों की भूमिका का एक महत्वपूर्ण पहलू है। अनुभवी शिक्षक नए या कम अनुभवी साथियों को मार्गदर्शन, समर्थन, और प्रोत्साहन प्रदान करने के लिए मेंटर के रूप में कार्य कर सकते हैं। यह सहयोग न केवल शिक्षण की उच्च गुणवत्ता सुनिश्चित करता है, बल्कि भविष्य की पीढ़ियों के लिए इन शिक्षकों के मूल्यों और सिद्धांतों को आगे बढ़ाता है।

इसके अलावा, ये शिक्षक अपने समुदायों पर भी गहरा प्रभाव डालते हैं। वे अक्सर कक्षा के बाहर गतिविधियों में शामिल होते हैं, जैसे कि सामुदायिक सेवा परियोजनाओं का आयोजन करना, स्थानीय आयोजनों में भाग लेना, या शैक्षिक पहलों और नीतियों के लिए समर्थन करना।

"अनुकरणीय शिक्षक शिक्षा में नैतिक उत्कृष्टता का आदर्श बनते हैं। उनका योगदान छात्रों और समाज को बेहतर बनाने में अमूल्य है।"

14

नैतिक निर्णय लेना: शिक्षकों के लिए उपकरण और तकनीकें

शिक्षा के क्षेत्र में नैतिक निर्णय लेना एक महत्वपूर्ण पहलू है, जिसमें शिक्षकों को जटिल और अक्सर चुनौतीपूर्ण परिस्थितियों को सत्यनिष्ठा, निष्पक्षता, और छात्रों के सर्वोत्तम हितों के प्रति प्रतिबद्धता के साथ नेविगेट करना होता है। सही नैतिक निर्णय लेने की क्षमता विश्वास बनाए रखने, एक सकारात्मक सीखने के माहौल को बढ़ावा देने, और शैक्षिक संस्थान के मूल्यों को बनाए रखने के लिए आवश्यक है। शिक्षकों को इस महत्वपूर्ण जिम्मेदारी में समर्थन देने के लिए, विभिन्न उपकरण और तकनीकें उनके नैतिक निर्णय लेने की क्षमताओं को बढ़ाने में मदद कर सकती हैं।

नैतिक निर्णय लेने के लिए एक मजबूत नैतिक ढांचा एक बुनियादी उपकरण है। यह ढांचा नैतिक दुविधाओं का विश्लेषण और समाधान करने के लिए एक संरचित दृष्टिकोण प्रदान करता है। इसमें प्रासंगिक नैतिक सिद्धांतों की पहचान करना, विभिन्न कार्यों के संभावित प्रभावों पर विचार करना, और इन कार्यों की शैक्षिक संस्थान के मूल्यों और मिशन के साथ सुसंगति का मूल्यांकन करना शामिल है।

आलोचनात्मक सोच नैतिक निर्णय लेने के लिए एक और आवश्यक उपकरण है। यह जानकारी का विश्लेषण करने, विभिन्न दृष्टिकोणों का मूल्यांकन करने, और

विभिन्न विकल्पों के प्रभावों पर विचार करने की क्षमता को दर्शाता है। शिक्षकों को अपनी आलोचनात्मक सोच क्षमता को विकसित करने के लिए चिंतनशील अभ्यास में संलग्न होना चाहिए, विविध दृष्टिकोणों की तलाश करनी चाहिए, और नैतिक तर्क पर केंद्रित व्यावसायिक विकास के अवसरों में भाग लेना चाहिए।

सहयोग और परामर्श नैतिक निर्णय लेने के लिए मूल्यवान तकनीकें हैं। जब किसी नैतिक दुविधा का सामना करना पड़े, तो शिक्षकों को सहकर्मियों, प्रशासकों, या अन्य भरोसेमंद व्यक्तियों के साथ इस मुद्दे पर चर्चा करने से लाभ हो सकता है। यह सहयोगात्मक दृष्टिकोण शिक्षकों को विभिन्न दृष्टिकोणों से अंतर्दृष्टि प्राप्त करने, वैकल्पिक समाधान पर विचार करने, और यह सुनिश्चित करने की अनुमति देता है कि उनके निर्णय सुविज्ञ और संतुलित हों।

शिक्षा में नैतिक निर्णय लेने के लिए पेशेवर नैतिकता संहिताएँ एक महत्वपूर्ण मार्गदर्शक के रूप में कार्य करती हैं। ये संहिताएँ उन मुख्य मूल्यों और सिद्धांतों को रेखांकित करती हैं, जिन्हें शिक्षकों को बनाए रखने की अपेक्षा की जाती है, जैसे कि सत्यनिष्ठा, निष्पक्षता, सम्मान, और जिम्मेदारी।

नैतिक निर्णय लेने में छात्रों की भलाई और सर्वोत्तम हितों पर विचार करना शामिल है। यह छात्र-केंद्रित दृष्टिकोण शिक्षकों से यह सुनिश्चित करने की अपेक्षा करता है कि उनके सभी निर्णय छात्रों के कल्याण, सुरक्षा, और विकास को प्राथमिकता दें।

सहानुभूति नैतिक निर्णय लेने का एक शक्तिशाली उपकरण है। यह दूसरों की भावनाओं और दृष्टिकोणों को समझने और साझा करने में शामिल है। सहानुभूति से शिक्षकों को अपने छात्रों, सहकर्मियों, और अन्य हितधारकों के अनुभवों और आवश्यकताओं की सराहना करने में मदद मिलती है।

चिंतनशील अभ्यास नैतिक निर्णय लेने का समर्थन करने वाली एक और तकनीक है। इसमें किसी के कार्यों, निर्णयों, और अनुभवों की नियमित रूप से परीक्षा करना शामिल है।

पाठ्यक्रम आधारित प्रशिक्षण और भूमिकाओं का अभ्यास (रोल-प्ले) नैतिक

निर्णय लेने के कौशल को विकसित करने के प्रभावी तरीके हैं। ये गतिविधियाँ शिक्षकों को एक नियंत्रित और सहायक वातावरण में नैतिक दुविधाओं को नेविगेट करने का अभ्यास करने के अवसर प्रदान करती हैं।

स्पष्ट नीतियाँ और प्रक्रियाएँ नैतिक निर्णय लेने के लिए मार्गदर्शन प्रदान करने में महत्वपूर्ण हैं। स्कूलों को ऐसी नीतियाँ स्थापित करनी चाहिए और उन्हें संप्रेषित करना चाहिए, जो अपेक्षित आचरण, नैतिक चिंताओं को संबोधित करने की प्रक्रिया, और अनुचित व्यवहार के परिणामों को रेखांकित करती हैं।

नेतृत्व से समर्थन शिक्षकों के बीच नैतिक निर्णय लेने को बढ़ावा देने के लिए महत्वपूर्ण है। स्कूल के नेता नैतिक व्यवहार के लिए स्वर निर्धारित करने और नैतिक निर्णय लेने का मॉडल प्रस्तुत करने में एक प्रमुख भूमिका निभाते हैं।

समुदाय की भागीदारी शिक्षा में नैतिक निर्णय लेने का एक और महत्वपूर्ण पहलू है। शिक्षकों को निर्णय लेते समय व्यापक समुदाय के मूल्यों, अपेक्षाओं, और आवश्यकताओं पर विचार करना चाहिए।

शिक्षकों को नैतिक निर्णय लेने में समर्थन करने के लिए नैतिकता और नैतिक निर्णय लेने पर केंद्रित व्यावसायिक विकास के अवसर आवश्यक हैं।

एक ऐसा वातावरण बनाना जो नैतिक व्यवहार और निर्णय लेने को प्रोत्साहित करता है, एक समग्र दृष्टिकोण की माँग करता है। स्कूलों को अपने संचालन के सभी पहलुओं में नैतिक विचारों को एकीकृत करना चाहिए।

नैतिक निर्णय लेने की प्रक्रिया को मजबूत उपकरणों और तकनीकों के माध्यम से विकसित किया जा सकता है। शिक्षक इन तकनीकों का उपयोग करके जटिल नैतिक दुविधाओं का समाधान कर सकते हैं और शिक्षा में नैतिकता की संस्कृति को बढ़ावा दे सकते हैं।

15

स्कूलों में समुदाय की भावना को प्रोत्साहित करना

स्कूलों में समुदाय की भावना को प्रोत्साहित करना एक ऐसा वातावरण बनाने के लिए महत्वपूर्ण है जहाँ छात्र, शिक्षक, और कर्मचारी जुड़े हुए, समर्थित, और मूल्यवान महसूस करें। एक मजबूत समुदाय की भावना छात्र जुड़ाव, शैक्षणिक उपलब्धि, और समग्र कल्याण को बढ़ाती है। यह सकारात्मक संबंधों, परस्पर सम्मान, और सहयोग की भावना को भी प्रोत्साहित करती है, जो पूरे स्कूल के लिए लाभकारी होती है। इसे हासिल करने के लिए, संबंध बनाने, समावेशी वातावरण तैयार करने, और स्कूल समुदाय के सभी सदस्यों की भागीदारी को प्रोत्साहित करने के लिए जानबूझकर प्रयासों की आवश्यकता होती है।

समुदाय की भावना को प्रोत्साहित करने के केंद्र में छात्रों, शिक्षकों, और कर्मचारियों के बीच मजबूत, सकारात्मक संबंध स्थापित करना है। इन संबंधों का निर्माण एक स्वागतयोग्य और समावेशी माहौल बनाकर शुरू होता है, जहाँ हर कोई मूल्यवान और सम्मानित महसूस करे। शिक्षक इसमें महत्वपूर्ण भूमिका निभाते हैं, जो अपनी बातचीत में दया, सहानुभूति, और सम्मान का आदर्श प्रस्तुत करते हैं।

रोज़मर्रा की सार्थक बातचीत के माध्यम से संबंध बनाना और समुदाय की भावना को बढ़ावा देना एक प्रभावी तरीका है। यह समूह परियोजनाओं, कक्षा चर्चाओं,

और सहपाठी परामर्श कार्यक्रमों जैसी गतिविधियों के माध्यम से प्राप्त किया जा सकता है।

समावेशी वातावरण बनाना स्कूलों में समुदाय की भावना को प्रोत्साहित करने का एक और महत्वपूर्ण पहलू है। समावेशिता का अर्थ है सभी छात्रों की विविध पृष्ठभूमियों, संस्कृतियों, और अनुभवों को पहचानना और उनका सम्मान करना।

प्रभावी संचार समुदाय की भावना को प्रोत्साहित करने के लिए आवश्यक है। स्कूलों को छात्रों, शिक्षकों, माता-पिता, और प्रशासकों के बीच स्पष्ट और खुले संचार चैनल स्थापित करने चाहिए।

माता-पिता और समुदाय की भागीदारी भी स्कूलों में समुदाय की भावना को प्रोत्साहित करने के लिए महत्वपूर्ण है। माता-पिता और समुदाय के सदस्य छात्रों की शिक्षा और कल्याण का समर्थन करने में महत्वपूर्ण भूमिका निभाते हैं।

मेंटॉरशिप कार्यक्रम समुदाय की भावना को प्रोत्साहित करने का एक और प्रभावी तरीका हैं। ये कार्यक्रम छात्रों को ऐसे मेंटर्स के साथ जोड़ते हैं, जो बड़े छात्र, शिक्षक, या सामुदायिक सदस्य हो सकते हैं।

छात्र नेतृत्व और आवाज के लिए अवसर प्रदान करना समुदाय की भावना को प्रोत्साहित करने के लिए आवश्यक है। जब छात्रों को अपने स्कूल अनुभव को प्रभावित करने वाले निर्णयों में भाग लेने का अवसर मिलता है, तो वे स्कूल समुदाय के प्रति अधिक जुड़े और निवेशित महसूस करते हैं।

सामाजिक और भावनात्मक शिक्षा (SEL) को बढ़ावा देना भी समुदाय की भावना को प्रोत्साहित करने का एक महत्वपूर्ण पहलू है। SEL कार्यक्रम छात्रों को आत्म-जागरूकता, आत्म-नियमन, सहानुभूति, और प्रभावी संचार जैसे कौशल सिखाते हैं।

सफलता और उपलब्धियों का जश्न मनाना समुदाय की भावना को प्रोत्साहित करने का एक और महत्वपूर्ण पहलू है। छात्रों, शिक्षकों, और कर्मचारियों की उपलब्धियों को पहचानना और उनका जश्न मनाना एक सकारात्मक स्कूल संस्कृति बनाने में मदद करता है।

एक सुरक्षित और सहायक वातावरण बनाना स्कूलों में समुदाय की भावना को प्रोत्साहित करने के लिए आवश्यक है। छात्रों को शारीरिक और भावनात्मक रूप से सुरक्षित महसूस करने की आवश्यकता होती है ताकि वे स्कूल समुदाय में पूरी तरह से शामिल हो सकें।

शिक्षकों और कर्मचारियों के लिए व्यावसायिक विकास भी समुदाय की भावना को प्रोत्साहित करने के लिए महत्वपूर्ण है।

प्रतिबिंबित अभ्यास (रिफ्लेक्टिव प्रैक्टिस) स्कूलों में समुदाय की भावना को प्रोत्साहित करने के लिए एक और मूल्यवान उपकरण है।

समुदाय की भावना का निर्माण एक सतत प्रक्रिया है जिसमें शामिल सभी लोगों की प्रतिबद्धता और प्रयास की आवश्यकता होती है।

स्कूलों में समुदाय की भावना को प्रोत्साहित करना छात्रों, शिक्षकों, और कर्मचारियों को जोड़ने, समर्थन देने, और मूल्यवान महसूस कराने के लिए आवश्यक है। यह प्रयास स्कूल को एक सकारात्मक और सहयोगात्मक वातावरण में बदल सकता है, जो सभी छात्रों की भलाई और सफलता का समर्थन करता है।

16

शैक्षिक नीति और प्रशासन में नैतिकता

शैक्षिक नीति और प्रशासन में नैतिकता न्यायसंगत, समावेशी, और प्रभावी शिक्षण वातावरण बनाने की आधारशिला है। नैतिक विचारों को शैक्षिक नेतृत्व के सभी पहलुओं में एकीकृत किया जाना चाहिए ताकि यह सुनिश्चित किया जा सके कि निर्णय, नीतियाँ, और प्रथाएँ सभी छात्रों की भलाई और सफलता को बढ़ावा दें। यह एकीकरण न्याय, निष्पक्षता, सत्यनिष्ठा, पारदर्शिता, और शैक्षिक समुदाय के सभी सदस्यों के प्रति सम्मान जैसे सिद्धांतों के प्रति प्रतिबद्धता की माँग करता है। प्रशासक और नीति निर्माता स्कूलों और शैक्षिक संस्थानों के नैतिक परिदृश्य को आकार देने में महत्वपूर्ण भूमिका निभाते हैं, जो संसाधनों के आवंटन और अनुशासनात्मक नीतियों से लेकर पाठ्यक्रम विकास और हितधारकों की भागीदारी तक हर पहलू को प्रभावित करते हैं।

शैक्षिक नेताओं की प्राथमिक जिम्मेदारियों में से एक यह सुनिश्चित करना है कि नीतियाँ और प्रथाएँ न्यायसंगत और निष्पक्ष हों। इसमें एक समावेशी वातावरण बनाना शामिल है, जहाँ सभी छात्रों को उनकी पृष्ठभूमि की परवाह किए बिना सफलता के समान अवसर मिलें।

पारदर्शिता शैक्षिक प्रशासन में नैतिकता का एक और महत्वपूर्ण पहलू है। निर्णय लेने की प्रक्रियाएँ खुली और पारदर्शी होनी चाहिए ताकि विश्वास और जवाबदेही बनाई जा सके।

सत्यनिष्ठा शैक्षिक नीति और प्रशासन में अनिवार्य है। नेताओं को उच्च नैतिक मानकों का पालन करना चाहिए और अपने कार्यों और निर्णयों में ईमानदारी दिखानी चाहिए।

शैक्षिक समुदाय के सभी व्यक्तियों के प्रति सम्मान नैतिक नेतृत्व का आधार है। नीतियों और प्रथाओं को छात्रों, शिक्षकों, कर्मचारियों, और माता-पिता की गरिमा और अधिकारों को बनाए रखने के लिए डिज़ाइन किया जाना चाहिए।

नैतिक विचार पाठ्यक्रम विकास और कार्यान्वयन में भी महत्वपूर्ण भूमिका निभाते हैं। पाठ्यक्रम को शैक्षिक संस्थान के मूल्यों और सिद्धांतों को प्रतिबिंबित करना चाहिए, आलोचनात्मक सोच, सहानुभूति, और सामाजिक ज़िम्मेदारी को बढ़ावा देना चाहिए।

हितधारकों की भागीदारी शैक्षिक प्रशासन का एक और महत्वपूर्ण पहलू है। छात्रों, माता-पिता, शिक्षकों, और व्यापक समुदाय को निर्णय लेने की प्रक्रियाओं में शामिल करना यह सुनिश्चित करता है कि नीतियाँ और प्रथाएँ पूरे शैक्षिक समुदाय की आवश्यकताओं और मूल्यों को प्रतिबिंबित करती हैं।

शिक्षकों और प्रशासकों के लिए व्यावसायिक विकास नैतिक प्रथाओं को बढ़ावा देने के लिए आवश्यक है। नैतिक मुद्दों, निर्णय लेने, और नेतृत्व पर निरंतर प्रशिक्षण यह सुनिश्चित करता है कि शैक्षिक समुदाय के सभी सदस्य जटिल नैतिक दुविधाओं को नेविगेट करने के लिए सुसज्जित हैं।

डेटा गोपनीयता और सुरक्षा शैक्षिक नीति और प्रशासन में महत्वपूर्ण नैतिक विचार हैं। शिक्षा में तकनीक के बढ़ते उपयोग के साथ, छात्रों और कर्मचारियों की गोपनीयता की रक्षा करना सर्वोपरि है।

संकट प्रबंधन और संकट के समय नैतिक निर्णय लेना शैक्षिक नेतृत्व के महत्वपूर्ण पहलू हैं।

सामाजिक न्याय और समानता के प्रति प्रतिबद्धता भी नैतिक नेतृत्व का एक महत्वपूर्ण हिस्सा है। इसमें शैक्षिक प्रणाली में प्रणालीगत असमानताओं को

पहचानना और उन्हें संबोधित करना शामिल है, और सभी छात्रों के लिए अधिक न्यायपूर्ण और समान वातावरण बनाने की दिशा में काम करना शामिल है।

शैक्षिक नीति और प्रशासन में नैतिकता न्यायसंगत, समावेशी, और प्रभावी शिक्षण वातावरण बनाने के लिए आवश्यक है। नैतिक जागरूकता और निरंतर सुधार की संस्कृति को बढ़ावा देकर, स्कूल यह सुनिश्चित कर सकते हैं कि उनकी नीतियाँ और प्रथाएँ सभी छात्रों की भलाई और सफलता को बढ़ावा दें। नैतिक नेतृत्व केवल सही निर्णय लेने के बारे में नहीं है, बल्कि एक ऐसा वातावरण बनाने के बारे में भी है, जहाँ हर कोई मूल्यवान, सम्मानित, और अपनी पूरी क्षमता हासिल करने के लिए सशक्त महसूस करता है।

17

नैतिक शिक्षा पर परिवार और समुदाय का प्रभाव

नैतिक शिक्षा पर परिवार और समुदाय का प्रभाव गहरा और बहुआयामी होता है। परिवार और समुदाय वे प्राथमिक सामाजिक संदर्भ हैं जिनमें बच्चे सही और गलत, मूल्य, और नैतिक व्यवहार की प्रारंभिक समझ विकसित करते हैं। ये प्रारंभिक अनुभव उनके नैतिक ढाँचे को आकार देते हैं और उनके दृष्टिकोण और कार्यों पर स्थायी प्रभाव डालते हैं। जैसे-जैसे बच्चे बड़े होते हैं और शैक्षिक प्रणाली में प्रवेश करते हैं, उनके परिवारों और समुदायों द्वारा स्थापित नैतिक आधार उनके व्यवहार, पारस्परिक क्रियाओं, और सीखने को प्रभावित करना जारी रखता है। इसलिए, स्कूलों को नैतिक शिक्षा को प्रभावी ढंग से बढ़ावा देने के लिए परिवारों और समुदायों के साथ सक्रिय रूप से जुड़ना चाहिए।

परिवार अक्सर नैतिक शिक्षा के लिए पहला और सबसे प्रभावशाली संदर्भ होता है। छोटे बच्चों से लेकर किशोरावस्था तक, वे अपने माता-पिता और देखभाल करने वालों के मूल्यों, विश्वासों, और व्यवहारों का निरीक्षण करते हैं और उन्हें आत्मसात करते हैं। रोज़मर्रा की बातचीत के माध्यम से परिवार के सदस्य ईमानदारी, सम्मान, जिम्मेदारी, और करुणा जैसे नैतिक व्यवहारों का आदर्श प्रस्तुत करते हैं।

बच्चों की शिक्षा में माता-पिता की भागीदारी उनके सीखने के नैतिक आयाम को काफी हद तक बढ़ाती है। जब माता-पिता अपने बच्चों की स्कूली शिक्षा में शामिल

होते हैं, तो वे स्कूल में पढ़ाई जाने वाली नैतिक शिक्षा को सुदृढ़ करते हैं और नैतिक विकास के लिए एक सुसंगत ढाँचा प्रदान करते हैं।

माता-पिता और देखभाल करने वाले अपने बच्चों के व्यवहार का मार्गदर्शन करने के लिए अपेक्षाएँ और सीमाएँ निर्धारित करने में महत्वपूर्ण भूमिका निभाते हैं। स्पष्ट नियमों और सुसंगत परिणामों की स्थापना करके, माता-पिता बच्चों को जवाबदेही और जिम्मेदारी के महत्व को समझने में मदद करते हैं।

बच्चों के साथ माता-पिता का खुला संवाद नैतिक शिक्षा के लिए अत्यधिक महत्वपूर्ण है। जब माता-पिता ऐसा वातावरण बनाते हैं जिसमें बच्चे अपने विचारों, भावनाओं, और नैतिक दुविधाओं पर चर्चा करने में सहज महसूस करते हैं, तो वे नैतिक तर्क और विकास के लिए मूल्यवान अवसर प्रदान करते हैं।

समुदाय भी बच्चों की नैतिक शिक्षा को आकार देने में महत्वपूर्ण भूमिका निभाता है। बच्चे जिन व्यापक सामाजिक वातावरण में रहते हैं, वे उनके मूल्यों, दृष्टिकोणों, और व्यवहारों को प्रभावित करते हैं।

स्कूल समुदाय का एक केंद्रीय घटक होते हैं और नैतिक शिक्षा के लिए महत्वपूर्ण स्थान के रूप में कार्य करते हैं। शिक्षकों और स्कूल नेताओं को परिवार और समुदाय के प्रभाव को पहचानना चाहिए और इन हितधारकों के साथ सक्रिय रूप से जुड़ना चाहिए ताकि नैतिक शिक्षा के लिए एक सुसंगत और सहायक वातावरण बनाया जा सके।

स्कूल परिवारों और समुदायों के साथ जुड़ाव और सहयोग के अवसर पैदा करके इनका प्रभाव बढ़ा सकते हैं।

समुदाय सेवा और स्वेच्छा गतिविधियाँ नैतिक शिक्षा को बढ़ावा देने में विशेष रूप से प्रभावी होती हैं।

धार्मिक और सांस्कृतिक संगठन नैतिक शिक्षा में भी महत्वपूर्ण भूमिका निभाते हैं। ये संगठन अक्सर नैतिक मार्गदर्शन और समर्थन प्रदान करते हैं, जिससे बच्चों को पहचान और संबंध की भावना विकसित करने में मदद मिलती है।

सामुदायिक सदस्य छात्रों के नैतिक विकास पर गहरा प्रभाव डाल सकते हैं, खासकर जब उन्हें परामर्श कार्यक्रमों में शामिल किया जाता है।

छात्रों को स्कूल और समुदाय के भीतर निर्णय लेने की प्रक्रियाओं में शामिल करना भी नैतिक शिक्षा को बढ़ावा देता है।

सामुदायिक स्तर की पहल, जैसे कि धमकाने की रोकथाम, नशीली दवाओं के दुरुपयोग का समाधान, और हिंसा की रोकथाम, नैतिक व्यवहार और मूल्यों को बढ़ावा देने वाले सहायक वातावरण बनाती हैं।

मीडिया भी बच्चों की नैतिक शिक्षा को आकार देने में भूमिका निभाता है।

अंततः, परिवार और समुदाय का सम्मिलित प्रभाव नैतिक शिक्षा के लिए एक व्यापक समर्थन प्रणाली बनाता है। जब परिवार, स्कूल, और समुदाय एक साथ काम करते हैं, तो वे एक सुसंगत और प्रबलित वातावरण बनाते हैं जो नैतिक व्यवहार और मूल्यों को बढ़ावा देता है।

नैतिक शिक्षा पर परिवार और समुदाय का प्रभाव बच्चों के समग्र विकास के लिए गहरा और आवश्यक है। परिवार वे मौलिक मूल्य और व्यवहार प्रदान करते हैं जो बच्चों के नैतिक ढाँचे को आकार देते हैं, जबकि समुदाय इन सिद्धांतों का अभ्यास और सुदृढ़ करने के लिए विविध अवसर प्रदान करता है। स्कूल सहयोगात्मक भागीदारी और समावेशी प्रथाओं के माध्यम से इन प्रभावों को एकीकृत और बढ़ाने में महत्वपूर्ण भूमिका निभाते हैं।

18

प्रौद्योगिकी और नैतिकता: डिजिटल युग में मार्गदर्शन

डिजिटल युग में मार्गदर्शन करने का अर्थ है, उन जटिल नैतिक मुद्दों से निपटना, जो प्रौद्योगिकी के व्यापक उपयोग से उत्पन्न होते हैं। प्रौद्योगिकी में तेज़ प्रगति ने हमारे संवाद करने, सीखने, काम करने, और दुनिया से जुड़ने के तरीके को बदल दिया है। जबकि प्रौद्योगिकी अनेक लाभ प्रदान करती है, यह महत्वपूर्ण नैतिक चुनौतियाँ भी पेश करती है, जिनके लिए सावधानीपूर्वक विचार और जिम्मेदार प्रबंधन की आवश्यकता होती है। डिजिटल युग में नैतिक विचारों में गोपनीयता, सुरक्षा, डिजिटल साक्षरता, तकनीकी पहुंच की समानता, और सूचना एवं संचार प्रौद्योगिकियों के जिम्मेदार उपयोग को शामिल किया गया है।

गोपनीयता डिजिटल युग में सबसे महत्वपूर्ण नैतिक चिंताओं में से एक है।

सुरक्षा गोपनीयता से निकटता से संबंधित है और डिजिटल युग में एक और महत्वपूर्ण नैतिक चिंता है।

डिजिटल साक्षरता डिजिटल युग की नैतिक चुनौतियों का सामना करने के लिए आवश्यक है।

तकनीकी पहुंच की समानता डिजिटल युग में एक और महत्वपूर्ण नैतिक मुद्दा है।

जानकारी और संचार प्रौद्योगिकियों के जिम्मेदार उपयोग के तहत नैतिक विचार आते हैं।

सोशल मीडिया का उदय भी संचार और जानकारी साझा करने से जुड़े नए नैतिक मुद्दे लाया है।

कृत्रिम बुद्धिमत्ता (AI) और मशीन लर्निंग डिजिटल युग में अतिरिक्त नैतिक चुनौतियाँ पेश करते हैं।

शिक्षा में प्रौद्योगिकी का नैतिक उपयोग एक महत्वपूर्ण क्षेत्र है।

नई प्रौद्योगिकियों के विकास और कार्यान्वयन पर नैतिक विचारों का विस्तार भी होता है।

डिजिटल युग में नैतिक मुद्दों को संबोधित करने में विनियमन और नीति की भूमिका भी महत्वपूर्ण है।

कार्यस्थल में प्रौद्योगिकी से संबंधित नैतिक विचार जैसे कर्मचारी निगरानी, डेटा गोपनीयता, और स्वचालन का रोजगार पर प्रभाव शामिल हैं।

आखिर में, प्रौद्योगिकी के नैतिक उपयोग की संस्कृति को बढ़ावा देने के लिए शिक्षा, जागरूकता, और नैतिक सिद्धांतों के प्रति प्रतिबद्धता आवश्यक है।

डिजिटल युग में मार्गदर्शन करने के लिए प्रौद्योगिकी के व्यापक उपयोग से उत्पन्न नैतिक चुनौतियों पर सावधानीपूर्वक विचार करना आवश्यक है। गोपनीयता, सुरक्षा, डिजिटल साक्षरता, तकनीकी पहुंच की समानता, और जिम्मेदार उपयोग सभी महत्वपूर्ण नैतिक विचार हैं। इन चुनौतियों को संबोधित करना डिजिटल साक्षरता को बढ़ावा देने, प्रौद्योगिकी तक समान पहुंच सुनिश्चित करने, जिम्मेदार उपयोग को प्रोत्साहित करने, और नई प्रौद्योगिकियों के नैतिक प्रभावों पर विचार करने पर निर्भर करता है।

सरकारों, उद्योग, और नागरिक समाज के बीच सहयोग नैतिक व्यवहार को बढ़ावा देने वाली प्रभावी नीतियों और विनियमों के विकास के लिए आवश्यक है। डिजिटल युग में नैतिकता को प्राथमिकता देकर, हम एक ऐसा तकनीकी परिदृश्य बना सकते हैं जो समाज को लाभ पहुँचाए और सभी व्यक्तियों के अधिकारों और भलाई का सम्मान करे।

19

मामले अध्ययन: शिक्षा में नैतिक उत्कृष्टता के वास्तविक उदाहरण

शिक्षा में नैतिक उत्कृष्टता का सर्वोत्तम उदाहरण वास्तविक जीवन की घटनाओं के माध्यम से मिलता है, जहाँ शिक्षकों और संस्थानों ने नैतिक चुनौतियों का सामना किया और उच्चतम मानकों की ईमानदारी, निष्पक्षता, और सम्मान बनाए रखने वाले तरीकों से जवाब दिया। ये मामले अध्ययन न केवल छात्रों और व्यापक विद्यालय समुदाय पर नैतिक निर्णय लेने के प्रभाव को उजागर करते हैं, बल्कि दूसरों के लिए अनुकरणीय उदाहरण भी प्रस्तुत करते हैं। इन उदाहरणों का विश्लेषण करके, हम उन सिद्धांतों और प्रथाओं के बारे में जानकारी प्राप्त कर सकते हैं जो शिक्षा में नैतिक उत्कृष्टता में योगदान देती हैं।

पहला उदाहरण

शिक्षा में नैतिक उत्कृष्टता का एक उल्लेखनीय उदाहरण एक हाई स्कूल की प्रिंसिपल का मामला है, जिन्होंने अपने स्कूल में प्रणालीगत असमानताओं के खिलाफ एक मजबूत रुख अपनाया। विभिन्न सामाजिक-आर्थिक पृष्ठभूमि के छात्रों के बीच उपलब्धि अंतर का सामना करते हुए, उन्होंने इन असमानताओं को दूर करने के लिए एक व्यापक रणनीति लागू की। इस रणनीति में कमज़ोर छात्रों के लिए अतिरिक्त समर्थन जैसे ट्यूटरिंग, मेंटरिंग, और उन्नत पाठ्यक्रम

तक पहुंच शामिल थी। उन्होंने सांस्कृतिक रूप से उत्तरदायी शिक्षण प्रथाओं पर ध्यान केंद्रित करते हुए शिक्षकों के लिए पेशेवर विकास की भी वकालत की। उनकी नेतृत्व क्षमता और समानता के प्रति प्रतिबद्धता ने न केवल वंचित छात्रों के शैक्षणिक परिणामों में सुधार किया, बल्कि एक समावेशी और सहायक विद्यालय वातावरण भी बनाया।

दूसरा उदाहरण

एक अन्य उदाहरण एक प्राथमिक स्कूल के शिक्षकों के समूह से संबंधित है, जिन्होंने अनुशासनात्मक मुद्दों को हल करने के लिए एक पुनर्स्थापनात्मक न्याय कार्यक्रम विकसित किया। उन्होंने पाया कि पारंपरिक दंडात्मक दृष्टिकोण व्यवहार संबंधी समस्याओं के मूल कारणों को हल करने में विफल रहते हैं और अक्सर अल्पसंख्यक छात्रों को असमान रूप से प्रभावित करते हैं। इन शिक्षकों ने हानि की मरम्मत, जवाबदेही को बढ़ावा देने, और रिश्तों को पुनर्स्थापित करने पर केंद्रित एक कार्यक्रम विकसित किया। इस कार्यक्रम में पुनर्स्थापनात्मक सर्कल, मध्यस्थता सत्र, और क्षमादान के अवसर शामिल थे। इन प्रथाओं को लागू करके, उन्होंने निलंबन दरों को कम किया, छात्रों के व्यवहार में सुधार किया, और एक सकारात्मक और सम्मानजनक विद्यालय संस्कृति बनाई।

तीसरा उदाहरण

एक विश्वविद्यालय के प्रोफेसर द्वारा नैतिक नेतृत्व का उदाहरण प्रस्तुत किया गया, जिन्होंने अपने संस्थान में शैक्षणिक ईमानदारी को बढ़ावा दिया। उन्होंने चोरी और धोखाधड़ी की बढ़ती प्रवृति के बारे में चिंतित होकर, छात्रों और संकाय के बीच ईमानदारी और निष्ठा की संस्कृति को बढ़ावा देने के लिए एक पहल शुरू की। इसमें विश्वविद्यालय की शैक्षणिक ईमानदारी नीति को संशोधित करना, संकाय को शैक्षणिक कदाचार का पता लगाने और संबोधित करने के तरीके पर प्रशिक्षण और संसाधन प्रदान करना, और एक छात्र-नेतृत्व वाले ऑनर कोड को लॉन्च करना शामिल था।

चौथा उदाहरण

एक स्कूल जिले के अधीक्षक ने छात्रों और कर्मचारियों के मानसिक स्वास्थ्य और कल्याण को प्राथमिकता देकर नैतिक उत्कृष्टता का प्रदर्शन किया। छात्रों के बीच तनाव, चिंता, और मानसिक स्वास्थ्य समस्याओं के बारे में बढ़ती चिंताओं के जवाब में, अधीक्षक ने एक व्यापक मानसिक स्वास्थ्य कार्यक्रम लागू किया।

पाँचवा उदाहरण

एक मिडिल स्कूल के शिक्षक ने अपने विज्ञान पाठ्यक्रम में नैतिक चर्चाओं को शामिल करके नैतिक उत्कृष्टता का उदाहरण दिया। उन्होंने छात्रों को वैज्ञानिक प्रगति के नैतिक प्रभावों के बारे में गंभीर रूप से सोचने के लिए प्रेरित किया।

अंतिम निष्कर्ष

ये मामले अध्ययन शिक्षा में नैतिक उत्कृष्टता के परिवर्तनकारी प्रभाव को दर्शाते हैं। शिक्षकों और नेताओं द्वारा नैतिक सिद्धांतों को प्राथमिकता देने से सकारात्मक, समावेशी, और सहायक वातावरण बनते हैं जो छात्रों, कर्मचारियों, और व्यापक समुदाय को लाभ पहुँचाते हैं।

"प्रभावी नैतिक नेतृत्व साहस और प्रतिबद्धता की मांग करता है। नेताओं को नैतिक दुविधाओं का सामना करना चाहिए और स्पष्ट मार्गदर्शन प्रदान करना चाहिए। उनका उदाहरण पूरे विद्यालय समुदाय के लिए मानक स्थापित करता है।"

20

शिक्षा में नैतिक उत्कृष्टता के लिए आगे का मार्ग

शिक्षा में नैतिक उत्कृष्टता के लिए आगे का मार्ग एक व्यापक और सतत् प्रतिबद्धता की मांग करता है, जिसमें ईमानदारी, निष्पक्षता, सम्मान और सहानुभूति को सभी शैक्षिक प्रथाओं के आधारभूत स्तंभों के रूप में स्थापित किया जाता है। नैतिक उत्कृष्टता प्राप्त करना एक बार का प्रयास नहीं है, बल्कि यह एक सतत् यात्रा है, जिसमें शिक्षक, छात्र, प्रशासक, नीति-निर्माता और व्यापक समुदाय समान उद्देश्यों की ओर मिलकर काम करते हैं। इन मूल्यों को अपनाकर, शैक्षिक संस्थान छात्रों को न केवल शैक्षणिक सफलता के लिए बल्कि नैतिक और जिम्मेदार नागरिकता के लिए भी तैयार कर सकते हैं।

शिक्षा में नैतिक उत्कृष्टता का केंद्र यह पहचान है कि शैक्षिक प्रणाली के भीतर लिया गया प्रत्येक निर्णय और कार्रवाई नैतिक प्रभाव डालती है। इस जागरूकता के लिए निर्णय लेने के लिए एक विचारशील और परिलक्षित दृष्टिकोण की आवश्यकता होती है, जिससे यह सुनिश्चित किया जा सके कि सभी नीतियां और प्रथाएं मुख्य नैतिक सिद्धांतों के साथ संरेखित हों। शिक्षकों और प्रशासकों को लगातार खुद से यह पूछना चाहिए कि उनके कार्य छात्रों की भलाई, समानता और न्याय को कैसे प्रभावित करते हैं। यह परिलक्षित अभ्यास इस बात पर ध्यान केंद्रित करने में मदद करता है कि वास्तव में क्या महत्वपूर्ण है: छात्रों का समग्र

व्यक्तित्व विकास, ताकि वे समाज में सकारात्मक योगदान दे सकें।

नैतिक उत्कृष्टता को बढ़ावा देने के लिए, पाठ्यक्रम में नैतिक शिक्षा को समाहित करना अनिवार्य है। इसका अर्थ केवल नैतिकता को एक अलग विषय के रूप में पढ़ाना नहीं है, बल्कि सभी शिक्षण क्षेत्रों में नैतिक चर्चाओं और विचारों को शामिल करना है। ऐसा करने से, छात्र विभिन्न संदर्भों में नैतिक तर्क लागू करना सीखते हैं, चाहे वह विज्ञान, साहित्य, इतिहास या गणित हो। यह अंतःविषय दृष्टिकोण छात्रों को यह समझने में मदद करता है कि नैतिक सोच कुछ विशेष विषयों तक सीमित नहीं है, बल्कि यह सभी ज्ञान और मानवीय संपर्क का एक मौलिक पहलू है। शिक्षक इसे वास्तविक दुनिया की नैतिक दुविधाओं के साथ छात्रों को जोड़कर, आलोचनात्मक सोच, बहस और आत्म-चिंतन को प्रोत्साहित करके सुगम बना सकते हैं।

शिक्षकों द्वारा नैतिक व्यवहार का उदाहरण प्रस्तुत करना अत्यंत महत्वपूर्ण है। शिक्षक और प्रशासक उन मूल्यों का प्रदर्शन करें, जिन्हें वे अपने छात्रों में स्थापित करना चाहते हैं। इसमें ईमानदारी, निष्पक्षता, सम्मान और सहानुभूति दिखाना शामिल है। पारदर्शी रहना, गलतियों को स्वीकार करना, और निरंतर सुधार के प्रति प्रतिबद्धता दिखाना शिक्षकों के लिए आवश्यक है। यह खुलापन विश्वास और सम्मान की संस्कृति को बढ़ावा देता है, जहाँ नैतिक व्यवहार को सामूहिक जिम्मेदारी के रूप में देखा जाता है।

पेशेवर विकास शिक्षा में नैतिक उत्कृष्टता प्राप्त करने का एक प्रमुख घटक है। शिक्षकों को नैतिक सिद्धांतों को अपनी शिक्षण और नेतृत्व प्रथाओं में प्रभावी ढंग से एकीकृत करने के लिए सतत् प्रशिक्षण और समर्थन की आवश्यकता होती है। पेशेवर विकास कार्यक्रमों को नैतिक सिद्धांतों, मामलों के अध्ययन, और नैतिक दुविधाओं को हल करने के लिए व्यावहारिक रणनीतियों पर केंद्रित होना चाहिए। इन कार्यक्रमों से शिक्षक अनुभव और सर्वोत्तम प्रथाओं को साझा कर सकते हैं, जिससे नैतिक शिक्षा के लिए एक सहयोगात्मक दृष्टिकोण को बढ़ावा मिलता है।

माता-पिता और व्यापक समुदाय की भागीदारी नैतिक उत्कृष्टता को बढ़ावा देने में भी महत्वपूर्ण है। स्कूलों को माता-पिता को शैक्षिक प्रक्रिया में सक्रिय रूप से शामिल करना चाहिए, उन्हें अपने बच्चों के नैतिक विकास में साझेदार के रूप में

मान्यता देनी चाहिए। नियमित संवाद, कार्यशालाएँ, और स्कूल गतिविधियों में भागीदारी के अवसर प्रदान करके इसे प्राप्त किया जा सकता है।

समावेशी और समान स्कूल वातावरण बनाना नैतिक उत्कृष्टता के लिए मौलिक है। यह सभी छात्रों की विविध आवश्यकताओं को पहचानने और उनका समाधान करने को शामिल करता है, यह सुनिश्चित करते हुए कि हर किसी को सफलता के समान अवसर मिले।

आधुनिक शिक्षा में प्रौद्योगिकी एक महत्वपूर्ण भूमिका निभाती है, और इसका नैतिक उपयोग एक महत्वपूर्ण विचार है। स्कूलों को यह सुनिश्चित करना चाहिए कि प्रौद्योगिकी का उपयोग सीखने को बढ़ाने और छात्रों की गोपनीयता और अधिकारों का सम्मान करने के लिए किया जाए।

नैतिक नेतृत्व शिक्षा में नैतिक उत्कृष्टता की खोज के लिए आवश्यक है। स्कूल नेताओं को सभी पहलुओं में नैतिक विचारों को प्राथमिकता देनी चाहिए।

मूल्यांकन और जवाबदेही नैतिक उत्कृष्टता के महत्वपूर्ण घटक हैं।

शिक्षा में नैतिक उत्कृष्टता के लिए आगे का मार्ग एक समग्र और सतत् प्रयास की मांग करता है। नैतिक सिद्धांतों को पाठ्यक्रम में एकीकृत करके, नैतिक व्यवहार को मॉडलिंग करके, पेशेवर विकास में निवेश करके, माता-पिता और समुदाय को शामिल करके, समावेशी वातावरण बनाकर, प्रौद्योगिकी का जिम्मेदारी से उपयोग करके, और सामुदायिक भावना को बढ़ावा देकर, स्कूल ऐसे वातावरण बना सकते हैं जहाँ नैतिक उत्कृष्टता फले-फूले।

"नैतिक उत्कृष्टता की यात्रा एक साझा जिम्मेदारी है। इसमें शिक्षक, छात्र, माता-पिता, और समुदाय के सदस्य शामिल हैं। मिलकर, हम एक ऐसा शैक्षिक वातावरण बना सकते हैं जो नैतिक व्यवहार को महत्व देता है और बढ़ावा देता है।"

ᦇ

21

सारांश

शिक्षा में नैतिक उत्कृष्टता की यात्रा एक सतत् और बहुआयामी प्रक्रिया है, जिसमें शिक्षकों, छात्रों, प्रशासकों, नीति-निर्माताओं, माता-पिता और व्यापक समुदाय के सामूहिक प्रयास शामिल होते हैं। शिक्षा में नैतिकता के प्रति यह व्यापक दृष्टिकोण ऐसे वातावरण बनाने के लिए आवश्यक है, जो ईमानदारी, निष्पक्षता, सम्मान और सहानुभूति को बढ़ावा दें, और अंततः छात्रों को शैक्षणिक सफलता और जिम्मेदार नागरिकता के लिए तैयार करें।

शिक्षा में नैतिक उत्कृष्टता की नींव शैक्षिक प्रणाली के सभी पहलुओं में नैतिक सिद्धांतों के समावेशन पर आधारित है। यह स्पष्ट नैतिक ढांचे की स्थापना के साथ शुरू होता है, जो निर्णय लेने का मार्गदर्शन करता है और यह सुनिश्चित करता है कि नीतियां और प्रथाएं मुख्य मूल्यों के साथ संरेखित हों। शिक्षकों और प्रशासकों को लगातार यह परिलक्षित करना चाहिए कि उनके कार्य छात्रों की भलाई, समानता और न्याय को कैसे प्रभावित करते हैं। यह परिलक्षित अभ्यास छात्रों के समग्र विकास पर ध्यान केंद्रित बनाए रखने में मदद करता है और उन्हें विभिन्न संदर्भों में आलोचनात्मक सोचने और नैतिक रूप से कार्य करने के लिए प्रेरित करता है।

नैतिक शिक्षा को पाठ्यक्रम के भीतर समाहित किया जाना चाहिए, न कि केवल एक अलग विषय के रूप में, बल्कि सभी शिक्षण क्षेत्रों के अभिन्न भाग के रूप में। यह अंतःविषय दृष्टिकोण छात्रों को यह समझने में मदद करता है कि नैतिक सोच सभी ज्ञान और मानवीय संपर्क का एक मूलभूत पहलू है। विज्ञान,

साहित्य, इतिहास और गणित जैसे विषयों में नैतिक चर्चाओं और वास्तविक दुनिया की दुविधाओं को शामिल करके, शिक्षक आलोचनात्मक सोच और नैतिक तर्कशीलता को प्रोत्साहित कर सकते हैं। यह विधि यह सुनिश्चित करती है कि छात्र व्यक्तिगत और व्यावसायिक जीवन में जटिल नैतिक मुद्दों को हल करने के लिए अच्छी तरह से तैयार हों।

शिक्षकों का नैतिक व्यवहार का उदाहरण प्रस्तुत करना अत्यंत महत्वपूर्ण है। शिक्षक और प्रशासक ईमानदारी, निष्पक्षता, सम्मान और सहानुभूति जैसे मूल्यों का प्रदर्शन अपने छात्रों और सहकर्मियों के साथ बातचीत में करें। पारदर्शिता, जवाबदेही और निरंतर सुधार के प्रति प्रतिबद्धता शिक्षक के लिए आवश्यक लक्षण हैं। यह खुलापन विश्वास और सम्मान की संस्कृति को बढ़ावा देता है, जहाँ नैतिक व्यवहार स्कूल समुदाय के सभी सदस्यों की साझा जिम्मेदारी बन जाती है।

पेशेवर विकास शिक्षा में नैतिक प्रथाओं को बढ़ावा देने के लिए महत्वपूर्ण है। शिक्षकों को अपने शिक्षण और नेतृत्व प्रथाओं में नैतिक सिद्धांतों को प्रभावी ढंग से एकीकृत करने के लिए सतत् प्रशिक्षण और समर्थन की आवश्यकता होती है। पेशेवर विकास कार्यक्रम नैतिक सिद्धांतों, मामलों के अध्ययन और नैतिक दुविधाओं को संबोधित करने के लिए व्यावहारिक रणनीतियों पर केंद्रित होने चाहिए। इन कार्यक्रमों में निवेश करके, स्कूल यह सुनिश्चित कर सकते हैं कि उनका स्टाफ उन नैतिक चुनौतियों को संभालने के लिए अच्छी तरह से तैयार है, जिनका वे सामना करते हैं।

माता-पिता और समुदाय की भागीदारी नैतिक शिक्षा का समर्थन करने में महत्वपूर्ण है। स्कूलों को माता-पिता को शैक्षिक प्रक्रिया में सक्रिय रूप से शामिल करना चाहिए, उन्हें अपने बच्चों के नैतिक विकास में साझेदार के रूप में मान्यता देनी चाहिए। यह भागीदारी विभिन्न रूप ले सकती है, जैसे स्कूल कार्यक्रमों में भाग लेना, कार्यशालाओं में भाग लेना और निर्णय लेने की प्रक्रियाओं में योगदान देना।

समावेशी और समान स्कूल वातावरण बनाना नैतिक उत्कृष्टता के लिए आवश्यक है। स्कूलों को सभी छात्रों की विविध आवश्यकताओं को पहचानने और

उनका समाधान करने की आवश्यकता है, जिससे सफलता के लिए समान अवसर सुनिश्चित किए जा सकें।

आधुनिक शिक्षा में प्रौद्योगिकी का नैतिक उपयोग एक महत्वपूर्ण विचार है। स्कूलों को यह सुनिश्चित करना चाहिए कि प्रौद्योगिकी सीखने को बढ़ाए और छात्रों की गोपनीयता और अधिकारों का सम्मान करे।

नैतिक नेतृत्व शिक्षा में नैतिक उत्कृष्टता के लिए प्रेरक शक्ति है। स्कूल नेताओं को सभी पहलुओं में नैतिक विचारों को प्राथमिकता देनी चाहिए।

मूल्यांकन और जवाबदेही नैतिक उत्कृष्टता के महत्वपूर्ण घटक हैं। स्कूलों को यह सुनिश्चित करने के लिए नियमित रूप से अपने नैतिक प्रथाओं का मूल्यांकन करना चाहिए कि वे अपने लक्ष्यों को पूरा कर रहे हैं।

विद्यालयों के भीतर सामुदायिक भावना को बढ़ावा देना नैतिक उत्कृष्टता के लिए महत्वपूर्ण है। सामुदायिक भावना सहयोग, आपसी समर्थन और साझा जिम्मेदारी को प्रोत्साहित करती है।

शिक्षा में नैतिक उत्कृष्टता के वास्तविक जीवन के उदाहरण छात्रों और व्यापक विद्यालय समुदाय पर नैतिक निर्णय लेने के परिवर्तनकारी प्रभाव को उजागर करते हैं।

डिजिटल युग में, नैतिक विचारों में गोपनीयता, सुरक्षा, डिजिटल साक्षरता, प्रौद्योगिकी तक समान पहुंच और जिम्मेदार उपयोग शामिल हैं।

शिक्षा में नैतिक उत्कृष्टता के लिए आगे का मार्ग शैक्षिक समुदाय के सभी सदस्यों से एक समग्र और सतत् प्रयास की मांग करता है। नैतिक सिद्धांतों को पाठ्यक्रम में एकीकृत करके, नैतिक व्यवहार को मॉडलिंग करके, पेशेवर विकास में निवेश करके, माता-पिता और समुदाय को शामिल करके, समावेशी वातावरण बनाकर, प्रौद्योगिकी का जिम्मेदारी से उपयोग करके, और सामुदायिक भावना को बढ़ावा देकर, स्कूल ऐसे वातावरण बना सकते हैं जहाँ नैतिक उत्कृष्टता फले-फूले।

शिक्षा में नैतिक उत्कृष्टता एक सतत् यात्रा है, जिसमें शिक्षकों, छात्रों, प्रशासकों,

नीति-निर्माताओं, माता-पिता और व्यापक समुदाय के सामूहिक प्रयास शामिल होते हैं। ईमानदारी, निष्पक्षता, सम्मान और सहानुभूति जैसे मूल्यों को अपनाकर, शैक्षिक संस्थान ऐसे अनुभव बना सकते हैं जो छात्रों को शैक्षणिक सफलता और जिम्मेदार नागरिकता दोनों के लिए तैयार करें। नैतिक उत्कृष्टता के प्रति यह प्रतिबद्धता न केवल शैक्षिक अनुभव को बढ़ाती है, बल्कि छात्रों को जिम्मेदार और सशक्त नागरिक बनने के लिए तैयार करती है, जो समाज में सकारात्मक योगदान करते हैं।

उद्धरण और संदर्भ

यह पुस्तक व्यापक अनुसंधान और सूक्ष्म विश्लेषण का परिणाम है, जिसमें विभिन्न स्रोतों जैसे अनेक पुस्तकों, विद्वानों के अध्ययन और व्यक्तिगत अनुभवों को सम्मिलित किया गया है। इसके अतिरिक्त, मैंने इस कार्य को संकलित करने के लिए प्रासंगिक जानकारी और आंकड़े जुटाने हेतु विभिन्न वेबसाइटों की भी खोज की है। मैंने प्रस्तुत जानकारी की सटीकता सुनिश्चित करने के लिए हर संभव प्रयास किया है और सभी स्रोतों का विधिपूर्वक उल्लेख किया है ताकि उनके योगदान को सम्मानित किया जा सके।

इन प्रयासों के बावजूद, अनजाने में त्रुटियाँ होने की संभावना बनी रहती है। मैं अपने पाठकों के विचारों को अत्यधिक महत्व देता हूँ और किसी भी ऐसी त्रुटि की पहचान करने और उसे सुधारने के लिए आपके फीडबैक का स्वागत करता हूँ। मैं आपसे आग्रह करता हूँ कि किसी भी प्रकार की विसंगतियों को मेरी जानकारी में लाएँ।

आपका फीडबैक न केवल स्वागत योग्य है बल्कि अत्यावश्यक भी है, क्योंकि यह वर्तमान संस्करण में सुधार लाने और भविष्य के संस्करणों की सामग्री को और बेहतर बनाने में मदद करेगा। मैं अपनी कृतियों में उच्चतम स्तर की सटीकता और विश्वसनीयता बनाए रखने के प्रति प्रतिबद्ध हूँ और आपके समर्थन और समझ के लिए धन्यवाद देता हूँ।

इसके अतिरिक्त, मैं संविधान के अनुच्छेद 19(1)(क) के तहत गारंटीकृत अभिव्यक्ति की स्वतंत्रता के सिद्धांत का दृढ़ता से पालन करती हूँ और अपने सभी पाठकों के विविध दृष्टिकोणों और अभिव्यक्तियों का सम्मान करता हूँ।

Other Books Of The Author

1. Empowering Minds: A Journey into Women's Self-Discovery and Power
2. The Dynamics of Motivation: Catalyzing Thought into Action
3. Meditation and Mental Well Being: The Path to Inner Peace and Clarity
4. The Psychology of Child Education: Nurturing Future Generations
5. Ethical Enlightenment: A Modern Guide to Living with Integrity
6. Voices of Empowerment: Stories of Women Rising Against Odds
7. Social Psychology in Everyday Life: Understanding Human Connections
8. The Essence of Motivational Speaking: Inspiring Change in Others
9. Balancing Acts: Women, Work, and the Will to Lead
10. Guiding with Grace: Raising Children with Compassion and Awareness
11. The Power of Positive Aging: Embracing Life After Fifty
12. Building Resilient Communities: Social Work in Action
13. The Ethical Educator: Principles for Teaching and Learning
14. Innovative solutions for Social Change: The Role of Social Psychology for crafting a Better World
15. The Ethics of Empathy: A Guide to Ethical Living
16. The Science of Empowering the Self: Navigating Life's Challenges with Psychological Wisdom
17. The Mindful Conscious Leader: Meditation Techniques for Modern Management
18. Pioneering Spirit: Women's Pathways to Leadership and Empowerment
19. Feeling to Healing: The Role of Emotional Intelligence in Child Development
20. Transformative Talks and Words of Inspiration: Insights into

Motivational Oratory

21. The Hidden Path to Ethical Sustainability: Crafting a Greener Tomorrow
22. Spiritual Integrity: Navigating Life with Moral Compassion
23. Clean Living, Clean Society: The Ethics of Cleanliness
24. Patriotic Spirits: Building a Nation on Positive Attitudes
25. Innovative Integrity & Vibrant Visions: The Ethical and Entrepreneurial Spirit of Gujarat
26. Youthful Visions, Endless Possibilities: Inspiring Ethics and Motivation in Children
27. Living Your Legacy: How to Motivate Others by Living Your Values
28. Secret of Healing Conversations: Ethical Practices in Counselling and Therapy
29. Creative Kindness: Crafting a Life of Compassion and Creativity
30. The Power of Appreciation: How Gratitude Can Transform Your Relationships
31. Pathways to Purpose: Life Lessons from the Bhagavad Gita for Aspiring Young Minds
32. The Symphony of the Soul: Exploring Visual, Musical, and Performance Arts in Therapeutic Harmony
33. Vivekananda's Virtues: A Blueprint for Modern Living
34. Quotes That Inspire and Empower: Guiding Words to Lift Your Journey
35. The Boundless Classroom: Innovations in Global Education
36. Trusting the Self Within: Techniques for Confidence and Peace
37. From Peaks to Palms: A Journey Through India's Natural Splendor
38. India on their shoulders: Lives That Inspire Continents
39. Finding Your Why: Discovering Your Passions and Charting Your Course
40. The Warrior's Mantra: Deciphering the Hanuman Chalisa
41. The Role of Social Media in Shaping Self-Esteem and Interpersonal Relationships among Adolescents
42. Karma's Tapestry: Weaving a Life of Selfless Service

43. Altruistic Alchemy: Transforming Lives Through Giving
44. The Blueprint of Pro-Activeness and Productivity: Crafting Habits for Success
45. The Simplicity with Grounded Wisdom: Embracing Authenticity in a Complex World
46. Secret of Solopreneur's Odyssey: Navigating the Path to Self-Employment
47. Exploring Tapestry of Peace: Global Perspectives on Harmony
48. The Art and Actions of Connection: Mastering Communication for Impact
49. She Governs and at the Helm: Strategies for Political Empowerment
50. Rising Above and Rising with Grace: A Woman's Roadmap to Career Mastery
51. The Effect of Networking & Connectedness: Building Strategic Alliances for Women
52. Beyond his Barriers: Women Thriving in Male-Dominated Fields
53. Secret of Inner Compass: Navigating Life with Intuition
54. Creative & Pro-Active Muses: A Celebration of Women in the Arts
55. Unburdened: The Art of Releasing the Past
56. Amplified Voices: Speeches of Women that Astonished the World
57. Secret of Manifesting Dreams: A Woman's Guide to Intentional Living
58. Ethics and Value Based Education: Reimagining Japan's School System
59. The Moral Compass Curriculum: A Holistic Approach
60. Tech with Heart: Integrating Ethics into Digital Learning
61. Honoring Virtue: Recognizing Ethical Excellence in Education
62. Raising Good Humans: A Guide to Character Development
63. The Spark Within: Nurturing Creativity in Children
64. The Teenager Whisperer: Navigating Adolescence with Grace
65. Igniting a Passion for Learning: Inspiring Lifelong Curiosity
66. The Habit Lab: Cultivating Positive Behaviors in Children

67. Seeds of Empathy: Fostering Compassion in Young Hearts
68. The Reading Revolution: Inspiring a Love of Books in Children
69. The Learning Brain: Unlocking the Secrets of Student Success
70. Teaching for All: Differentiated Instruction Strategies
71. The Time Alchemist: Mastering Time Management for Peak Performance
72. The Resilience Factor: Transforming Setbacks into Stepping Stones
73. The Healing Touch of Nature: An Introduction to Naturopathy
74. Echoes of the Past: Healing Through Past Life Regression
75. The Spiritual Healer's Handbook: Exploring Energy Medicine
76. Crystal Clarity: Unveiling the Power of Gemstones
77. The Dream Weaver's Guide: Decoding the Language of Dreams
78. Emotional Alchemy: Transforming Pain into Power
79. Sonic Serenity: Harnessing Sound for Stress Relief
80. The Entrepreneur's Playbook: Launching Your Business with Confidence
81. Productivity Unleashed: Time Management Strategies for Entrepreneurs
82. The Problem Solver's Toolkit: Creative Solutions for Business Challenges
83. The Future is Now: Emerging Trends in Business
84. The Curious Explorer: A Child's Guide to Scientific Discovery
85. Digital Pioneers: Empowering Kids in the Tech World
86. The Young Philosopher's Guide: Exploring Life's Big Questions
87. Finding Your Voice: Communication Skills for Confident Kids
88. Nature's Playground: A Child's Guide to Outdoor Adventure
89. Growing a Greener Tomorrow: A Guide to Tree Planting & Conservation
90. Driving with Purpose: Ethical Choices on the Road
91. The Healing Touch: Cultivating Compassion in Healthcare
92. Navigating the Digital Landscape: Ethics in the Age of Social Media
93. The Ethical Closet: A Guide to Sustainable Fashion
94. The Mindful Voyager: Sustainable Travel Practices

95.   The Feminine Divine: Honoring the Goddesses of India

96.   Sacred Sounds: Chanting Your Way to Inner Peace

97.   The Yoga Path: Uniting with the Divine Within

98.   Rites of Passage: Creating Meaningful Ceremonies

99.   The Chakra System: A Map of Inner Transformation

100. Spiritual Sangha: Finding Community through Satsang and Bhajan

101. Pilgrimage of the Soul: Spiritual Journeys in India

102. आध्यात्मिक तीर्थयात्रा: भारत की आध्यात्मिक यात्राओं पर एक नज़र

103. "योग मार्ग: भीतर के दिव्यत्व को अनुभव करने की यात्रा"

104. भगवद्गीता: दैनिक जीवन की समस्याओं के लिए शाश्वत ज्ञान

105. "योद्धा का मंत्र: हनुमान चालीसा का रहस्योद्घाटन"

106. "युवाओं के आत्मसम्मान और संबंधों पर सोशल मीडिया का प्रभाव"

107. "सशक्त विचार: महिलाओं की आत्मखोज और शक्ति की यात्रा"

108. "ध्यान और मानसिक कल्याण: आंतरिक शांति और स्पष्टता का मार्ग"

109. "सशक्त नेतृत्व: महिलाओं के राजनीतिक सशक्तिकरण की रणनीतियाँ"

110. "गरिमा और सफलता: महिलाओं के लिए उत्कर्ष करियर मार्गदर्शन"

111. "सीमाओं से परे: पुरुष-प्रधान क्षेत्रों में महिलाओं की सफलता"

112. "नैतिक शिक्षा और मूल्य प्रणाली: जापान की विद्यालय प्रणाली का पुनर्निर्माण"

113. "सद्गुणों का सम्मान: शिक्षा में नैतिक मूल्यों की पहचान"

114. "चरित्र निर्माण: सज्जनता के विकास की मार्गदर्शिका"

115. "भीतर की ज्योति: बच्चों में सृजनशीलता का विकास"

116. "युवाओं का पथप्रदर्शक: किशोरावस्था की चुनौतियों का समाधान"

117. "सहानुभूति के बीज: युवा हृदयों में करुणा का संवर्धन"

118. "आध्यात्मिक उपचार: ऊर्जा चिकित्सा ऊर्जा चिकित्सा का मार्गदर्शन"

119. "चिकित्सीय स्पर्श: स्वास्थ्य सेवा में करुणा और सहानुभूति की भूमिका"

120. "नारी शक्ति: भारतीय देवियों की आराधना एवं महत्व"

121. "चक्रों की यात्रा: आत्मा के परिवर्तन की प्रक्रिया"

Contact

Dr. Minakshi Bansal
Social Activist
Ahmedabad, Gujarat, Bharat
dhanyamfoundation@gmail.com

|| LOKAHA SAMASTHAHA SUKHINO BHAVANTU ||